Delius Klasing
EDITION MOBY DICK

Dirk Zedler / Thomas Musch

DIE RENNRAD WERKSTATT

Delius Klasing
EDITION MOBY DICK

INHALT

Seite 8 Teuer muss sie nicht sein – aber zweckmäßig: die Werkstatt-Einrichtung

Seite 30 Lenker hoch, Sattel zurück? Alles eine Frage der Einstellung

Seite 36 Was jeder braucht, aber viele nicht können: Reifen wechseln, Pannen beheben

LIEBE RENNRAD-FANS

Die vorliegende »Rennrad-Werkstatt« haben wir für den interessierten Rennradfahrer mit Faible für die edle Technik seines Sportgerätes zusammengestellt. Das Buch enthält viele Tipps zur Bedienung des Rades und eine Menge wissenswerte Informationen rund um das Fahrrad, seine Wartung und Pflege. Lesen Sie das Buch und insbesondere jedes Ihre konkreten Fragen betreffende Kapitel gründlich durch, bevor Sie sich ans Werk machen.

Die Lektüre lohnt sich auch für Radler, die schon seit langer Zeit mit dem Rennrad unterwegs und vertraut sind: Die Fahrradtechnik hat gerade in den vergangenen Jahren starke Fortschritte gemacht – und nicht jede Innovation ist so offensichtlich und leicht zu durchschauen wie ein neuntes oder zehntes Ritzel am Hinterrad.

Wenn Sie die beschriebenen Wartungsarbeiten und Reparaturen durchführen, sollten Sie berücksichtigen, dass die Anleitungen nicht immer und in allen Punkten exakt für Ihr Fahrrad zutreffen können.

Modellwechsel und ständige Produktänderungen lassen sich nicht vorwegnehmen, auch wenn die Arbeitsanleitungen Sonderfälle und Abweichungen so umfassend wie möglich berücksichtigen. Beachten Sie deshalb bitte unbedingt die Anbauanleitungen der jeweiligen Komponenten und die Benutzerhinweise Ihres Fahrrades.

Denken Sie auch daran, dass die Anleitungen in diesem Buch kein Dogma darstellen – insbesondere die Erfahrung des Schraubers und sein handwerkliches Geschick können andere Vorgehensweisen möglich machen oder zusätzliches Werkzeug erfordern. Deshalb: Muten Sie sich im Interesse Ihrer eigenen Sicherheit und der zuverlässigen Funktion Ihres Rades nicht zu viel zu. Fragen Sie im Zweifelsfall Ihren Fachhändler um Rat!

In diesem Sinne wünschen wir viel Spaß bei der Lektüre und viel Erfolg bei allen Arbeiten am faszinierendsten Sportgerät, das sich mit Muskelkraft bewegen lässt!

Dirk Zedler / Thomas Musch

RÄUM-KOMMANDO

Aufgeräumtes Werkzeug freut das Auge und macht die Arbeiten am Rad zum Vergnügen. Tipps für die richtige Werkstatteinrichtung.

Fünf nach zwei am Samstagmittag, die Trainingsgruppe ist komplett und startklar. Fast. »Wartet mal kurz, ich muss noch eben das Lenkungslager nachstellen.« Radschuhe klappern eilig über die Kellertreppe in die Werkstatt, dann bleibt es lange still – bis ein lauter Fluch die mittägliche Ruhe stört: »Wo ist der Fünfer-Inbus...?«

Solche Szenen kennt jeder, und jeder lacht drüber – außer dem, der erfolglos die Werkstatt durchwühlt. Der Fünfer-Inbus, oder genauer: Innensechskant, ist sozusagen der Inbegriff des Rennrad-Werkzeugs. Weil man ihn quasi dauernd

und für alles benötigt, hat man mehrere davon – aber nie dort, wo man gerade einen braucht. Unordnung und wartende Trainingskumpels sind allerdings nicht der einzige Ärger im Zusammenhang mit Werkzeug. Wenn man den teuren Messschieber oder den Gewindebohrer achtlos unter alten Fahrradteilen und anderen Werkzeugen auf der Arbeitsplatte vergräbt, wird daraus schnell unbrauchbares Altmetall. Also lautet die Devise: Die anderen machen dumme Sprüche, wir räumen auf.

Wer eine Heimwerkstatt zweckmäßig einrichten möchte, benötigt eine freie Fläche an einer Wand und zumindest so viel Platz davor, dass am aufgestellten oder aufgehängten Fahrrad ohne Platzangst montiert werden kann. Auch Licht sollte nicht knapp sein. Beim trüben Schein einer 25-Watt-Birne, die von der Decke baumelt, kann man vielleicht noch die Reifen aufpumpen, aber sicher kein Laufrad zentrieren. Eine oder besser zwei große Neonröhren im Arbeitsbereich sind deshalb unbedingt erforderlich.

Für viele Arbeiten ist eine solide Arbeitsfläche in angenehmer Höhe sinnvoll. Zum Sägen, Feilen oder Bohren ist zudem ein Schraubstock unerlässlich, der mit der Arbeitsfläche fest verschraubt wird. Perfektionisten stellen sich zu diesem Zweck eine solide Werkbank mit mehrfach verleimter Arbeitsplatte und Unterschränken aus dem Fachhandel in die Werkstatt. Fast so solide und ebenfalls sehr praktisch sind gebrauchte Schreibtische, wie sie bei Behörden und Firmen regelmäßig aussortiert und für wenig Geld verkauft werden. Wenn die Platte des Tisches zu dünn ist und sich bei Belastung durchbiegt, kann sie einfach mit einer passend zugeschnittenen Platte aus dem Baumarkt aufgedoppelt werden. Das Holz sollte eine glatte Oberfläche haben, aber kein Kunststoff- oder Holz-Furnier. Das kann absplittern, wenn mit scharfkantigen Gegenständen darauf gearbeitet wird.

Steht im künftigen Werkstattraum nur wenig Platz zur Verfügung, kann ein ungefähr dreißig Zentimeter schmales und drei bis vier Zentimeter starkes Brett als Not-Tisch dienen. Perfekt wird die Raumausnutzung, wenn man ein solches Brett mit Scharnieren an der Wand befestigt, um es bei Nichtgebrauch wegklappen zu können.

Sowohl Schreibtische als auch Werkbänke bieten durch die Schubladen nützlichen

Hindern Schrauben an der Flucht: diverse Klebstoffe für Arbeiten am Rad.

Stauraum für die vielen Kleinteile rund ums Rad. In die Schubladen sollte man mit Holzleisten Unterteilungen hineinzimmern, damit die Teile nicht herumrutschen, wenn die Schubladen auf- und zugezogen werden. Im Baumarkt gibt's aber auch fertige Fachsysteme aus Kunststoff, die man für den persönlichen Bedarf kombinieren kann. Wenn man in solchen Fächern Schrauben, Muttern, Beilagscheiben, Ventilkappen und vor allem Zug-Endkappen vorrätig hält, muss man bei Schraubereien am Rad jedesmal vor Freude grinsen.

Häufig benötigte Schlüssel, Schraubendreher und Zangen hängt man jedoch am besten an eine Wand. Für diesen Zweck gibt es in Baumärkten spezielle Wandsysteme mit Haken, die sehr flexibel sind. Eine selbstgebaute Werkzeugwand ist allerdings preiswerter, oft auch praktischer, und es macht mehr Spaß.

Im Zentrum des Geschehens steht, besser: hängt natürlich das Fahrrad – am sinnvollsten in einem speziellen Montageständer. Das erlaubt eine Arbeitshöhe, bei der man zum Schrauben nicht in die Knie gehen muss. Kurbeln und Laufräder können frei gedreht werden, ein Helfer zum Hochheben wird dann nicht mehr benötigt. Für den Hobby-Schrauber ist das Modell »Profi« von Kettler für weniger als 200 Mark eine sehr gute Wahl. Der Ständer ist höhenverstellbar, von ansprechender Qualität, und er bietet ein ausgezeichnetes Preis-Leistungsverhältnis. Das Modell »Repair Station« von Wrench Force ist

Kettlers Montageständer »Profi« leistet auch Hobby-Schraubern gute Dienste.

mit Zentrierständer, Lenkerhalter und Werkzeugbox vollständig ausgestattet und erfüllt auch die Ansprüche von Berufs-Schraubern. Für den Freizeit-Mechaniker daheim und unterwegs wird der Ständer durch die Klappvorrichtung zusätzlich attraktiv. Zusammengelegt verschwindet das Gerät in der mitgelieferten Tasche, ist mit über 600 Mark allerdings nicht ganz billig.

Hängen kann man sein Rad aber nicht nur an einen Montageständer, sondern auch an die Decke. Mit verzinkten Ketten aus dem Baumarkt, drei Decken-Haken mit Dübeln und drei kunststoffummantelten Haken für die Aufnahme von Sattelgestell und Lenker kann man eine einfache und platzsparende Montagevorrichtung bauen. Ein Haken wird über, beziehungsweise leicht hinter dem Sattel in die Decke gebohrt, die zwei Haken für die Ketten, die vorne den Lenker halten, sollten jedoch in einigem Abstand voneinander links und rechts des Lenkers angebracht werden. Wenn die Ketten schräg von der Decke zu Sattel und Lenker verlaufen, pendelt das Rad nicht so stark in der Aufhängung. Damit sich der Lenker samt Gabel nicht ständig gegenüber dem Rahmen verdreht, kann man das Vorderrad mit einem Pedalriemen am Unterrohr des Rahmens fixieren.

Schmutz und Ölflecken am Boden sind ein steter Quell des Ärgers, vor allem, wenn man Reste und Spuren davon im Schuhprofil aus der Werkstatt in die Wohnung trägt. Mit einem großzügig unter dem Montageständer ausgebreiteten Radversandkarton vom Radhändler, einem Teppich-Reststück oder, ganz profes-

Säubern, fetten, wachsen, ölen: Ein Sortiment an Pflegemitteln gehört dazu.

sionell, mit einer speziellen Auffangmatte, geht man dem aus dem Weg. Wer dann noch nach vollbrachter Reparatur zum Besen greift und Werkbank und Boden sauber fegt, macht sich bei Lebensgefährten, Familienmitgliedern und Mitbewohnern dauerhaft beliebt.

Ein weiteres Detail, an das man besser vor Beginn der Arbeit denkt, ist ein Vorrat an Lappen zum Säubern verschmutzter Teile. Baumwoll-Lappen aus alten T-Shirts oder Leintüchern wischen gut und saugen Flüssigkeiten auf, Kunstfaser schmiert nur. Lassen Sie alte Trikots lieber im Schrank hängen.

Einen festen Platz in der Werkstatt brauchen noch ein paar weitere Hilfsmittel: Schuhkartons werden auf diese Weise zur Heimstatt von umherirrenden Schmiermittel-Dosen, Kettenöl und Fett, Wachs (gegen Korrosion) und Spiritus (zum Entfetten oder Entfernen von Klebstoffresten), sowie Sekunden- und Zweikomponenten-Kleber, Schraubensicherungs-Kleber und Klebstoff für Welle-Nabe-Verbindungen.

Bestandteil jeder guten Werkstatt: eine solide Fuß-Pumpe mit Manometer, wie der SKS-Kompressor für rund 80 Mark.

Schont den Boden und runterfallende Teile: die Profi-Arbeitsmatte zum Aufrollen.

DIE WERKZEUGWAND

So wird's gemacht

1 Legen Sie das Werkzeug auf der Holzplatte aus. Die am häufigsten benutzten Werkzeuge sollten im Zentrum angebracht werden, damit sie einfach und schnell erreichbar sind. Achten Sie beim Auslegen darauf, dass genügend Abstand zwischen den Werkzeugen bleibt.

2 Beachten Sie auch, dass manche Werkzeuge die Position verändern, wenn das Brett aufgestellt wird. Zangen, die unterhalb des Gelenks aufgehängt werden, spreizen etwas auf, wenn keine Sicherung vorgesehen ist. Zeichnen Sie die Befestigungspunkte an, wenn alle Teile in ihre Endposition gerückt sind.

3 Verwenden Sie zur Befestigung Holzschrauben oder Schnellbauschrauben. Letztere können einfach und vor allem schnell mit einem Bit-Vorsatz, der in eine Bohrmaschine oder einen Akkuschrauber eingespannt wird, in die Platte eingedreht werden.

4 In einem Brett, das mittels eines Metallwinkels senkrecht zur Wand angebracht wird, werden Schraubendreher, Innensechskante und ähnliches aufgehängt. Sortieren sie Schlitz- und Kreuzschlitzdreher in separaten Reihen und der Größe nach. Bohren Sie die Löcher zur Werkzeugaufnahme einen halben Millimeter größer, als die Außenmaße des Werkzeugs betragen. So können die Schlüssel leicht herausgenommen und wieder hineingesteckt werden.

5 Bevor Sie die Werkzeugtafel mit mindestens vier massiven Schrauben an die Wand dübeln, sollten Sie die Umrisse der Werkzeuge anzeichnen. Durch diese unmissverständliche Kennzeichnung wird auch später immer wieder sofort klar, wenn Werkzeug fehlt oder falsch aufgehängt wurde.

Werkstatteinrichtung

RÜSTZEUG

Know-how allein reicht selten aus – aber welches Werkzeug hilft bei aktuellen High-Tech-Rennern wirklich weiter? So stellen Sie Ihre Heimwerkstatt zusammen.

Das Erscheinungsbild von Fahrrad-Werkstätten hat sich in den vergangenen Jahren gründlich verändert. Statt Schmiedewerkzeug wie Zangen, Hammer und Amboss sind heutzutage handliche Schlüssel und präzise Messeinrichtungen wie Drehmomentschlüssel und Kettenlehren gefragt. Augenfälliger Beleg für den Trend zu hochwertiger Technik und Mechanik: Die Lenkungslager in Ahead-Bauweise. Wo früher schwere Zangen und riesige Maulschlüs-

sel für die Einstellung erforderlich waren, genügen heute zwei handliche Innensechskantschlüssel.

Moderne Fahrräder sind so konzipiert, dass selbst für regelmäßige Wartungsarbeiten nur wenig Werkzeug notwendig ist – und das kann größtenteils sogar auf Touren mitgenommen werden. Der Haken an der Sache ist nur: Man muss es sehr sorgfältig aussuchen. Die historisch begründete Unart in der Fahrradbranche, von Land zu Land weder einheitliche

Maße noch Größenbezeichnungen zu verwenden, ist auch im geeinten Europa noch längst nicht ausgerottet. Im Gegenteil: Bei den Fahrradketten zum Beispiel gibt es mittlerweile wieder vier verschiedene Verschlusssysteme, die alle unterschiedliche Werkzeuge erfordern. Und noch lange nicht alle neuen Räder verfügen über die ausgeklügelte Ahead-Lagertechnik ohne Gabelschaftgewinde. Zwischen den Teileherstellern besteht auch noch keine Einigkeit darüber, wie die Vielzahnprofile bei den Abziehern für Tretinnenlager oder Ritzelpakete aussehen sollen, und in einigen Bereichen konkurrieren nach wie vor verschiedene Gewindemaße. Wer Werkzeug kaufen will, muss also vorher genau wissen, was er wirklich braucht.

Verlockend erscheinen da die Werkzeug-Komplettsets, wie sie von Elite, Park Tool und anderen angeboten werden. Schön aufgeräumt in praktischen Falttaschen oder Boxen vermitteln sie den Eindruck, als sei neben den Standards auch das notwendige Spezial-Werkzeug an Bord – doch das muss man überprüfen. Sind eines oder mehrere Teile nicht zu verwenden, kann es günstiger sein, wenn man die Sonder-Werkzeuge einzeln kauft. Aber auch, wenn einzeln gekaufte Werkzeuge teurer sein sollten als ein Komplett-Set, so kann man sich wenigstens besonders pfiffige Lösungen einzelner Werkzeug-Hersteller anschaffen.

Neben dem speziellen Fahrradwerkzeug ist ein Grundstock an Maulschlüsseln, Schraubendrehern und anderem notwendig. Oft kann das Spezialwerkzeug auch nur in Verbindung mit Standardwerkzeug verwendet werden. Nur Mechaniker, denen das Aussehen ihres Rades und seiner Teile völlig egal ist, setzen ohne Bedenken eine Rohrzange an einer großen Sechskantmutter an, beispielsweise einem Zahnkranzabzieher. Auch bei den grundlegenden Werkzeugen sollte man auf Qualität und Maßhaltigkeit Wert legen. Passt ein Schraubendreher nicht exakt zum Kopf der Schraube oder ist das Material zu weich, wird die Schraube schnell vermurkst, und dann geht der Ärger richtig los.

Schönes, hochwertiges Werkzeug weckt natürlich auch Begehrlichkeiten – aber der Drang, die Teile zu besitzen, geht schnell ins Geld. Man sollte sich deshalb gut überlegen, was man wirklich braucht. Radfahrer, die nur die Bremsen nachstellen und in Notfällen einen Schlauch wechseln wollen, kommen mit einem Basis-Set zurecht, wie es im Anschluss vorgestellt wird. In der ersten »Ausbau-Stufe« ermöglicht die sinnvolle Ergänzung dieses Sortiments die Möglichkeit, größere Wartungsarbeiten durchzuführen: Lenkungs- und Nabenlager einzustellen und zu fetten, sowie Züge, Kette und Zahnkranz zu ersetzen. Die umfangreichste unserer Ausstattungen erlaubt es schließlich, Teile zu ersetzen und ein Fahrrad komplett aufzubauen, vorausgesetzt, die Lagersitze und die Gewinde im Rahmen sind entsprechend vorbereitet, die Lenkungslagerschalen eingepresst und der Konus ist auf die Gabel aufgeschlagen.

Was dann noch bleibt, ist die Investition in Schneidwerkzeuge zur Rahmenbearbeitung – aber das ist mit Sicherheit nur etwas für professionelle Werkstätten und echte Freaks. Für qualitativ ansprechende Tretlager-Gewindeschneider mit Fräse, Lenkungslager-Sitzfräser und -Einziehwerkzeug, sowie Reibahlen für das Sattelrohr sowie einige Gewindeschneider kommen schnell 3.000 Mark und mehr zusammen. Berücksichtigt man dann noch, dass derzeit sowohl bei Tretlagergewinden als auch bei Lenkungslagern zwei verschiedene Maße eingesetzt werden, die wiederum separates Werkzeug erfordern, kommt ein Betrag zusammen, für den man ohne weiteres etliche Rahmen beim Händler fertig bearbeiten lassen kann...

DIE BASIS

Das Werkzeug-Set für unterwegs

Unterwegs auf einer Tour, aber auch bei einer
Reise ins Trainingslager, genügt bei geschickter
Auswahl wenig Werkzeug, das fast vollständig
in einem Reifentäschchen Platz findet. Besonders pfiffig sind Multifunktions-Werkzeuge,
die zumindest mit Innensechskantschlüsseln

von 2,5 bis 8 Millimetern, Schraubendrehern
und Kettennieter ausgerüstet sein sollten. Empfehlenswert sind die 60 bis 70 Mark teuren
Miniwerkzeuge von Park Tool (»MTB-1«), Cool
Tool und Topeak (»Alien«). Minouras „Handy
14" ist ebenfalls bewährt, beeinhaltet allerdings keinen 8mm-Innensechskant, der in der
Regel für Kurbelschrauben erforderlich ist.
Obwohl Reifenmontierhebel und Zentrierschlüssel in den Kombi-Werkzeugen integriert
sind, sind zwei einzelne Montierhebel aus
Kunststoff, etwa von Conti, Schwalbe oder Mi-
chelin, und ein separater Zentrierschlüssel die
bessere Wahl. Materialschonend und besonders einfach in der Handhabung ist der
Syntace »Speedlever« (22 Mark), der ähnlich
einer professionellen Reifenmontage-Maschi-
ne funktioniert. Eine gute Wahl ist der rund 8
Mark teure »Spokey«-Zentrierschlüssel: Er um-
schließt die Nippel auf besonders
großem Umfang und über die gesamte Länge, das schont den Vierkant,
wichtig vor allem bei Aluminiumnippeln. Bei
Aerolaufrädern sind die Speichennippel oft in
der Felge versenkt – da muss man anhand des
Einzelfalles das richtige Werkzeug zur Behebung eines Seitenschlages auswählen.

DER STANDARD

Werkzeug zur Wartung

Der Nachteil von immer mehr Gängen am
Rad ist der rasante Kettenverschleiß. Rohloffs
»Caliber« (30 Mark) oder Park Tools Ketten-
checker zeigen präzise an, wann ein neuer
Gliederstrang fällig ist.
Vernietwerkzeuge, wie
sie auch in Fach-
werkstätten ver-
wendet wer-
den – zum Bei-
spiel das Werkzeug
von Shimano für 40 Mark – erleichtern den Kettenwechsel im Vergleich zu
den integrierten Werkzeugen der Minitools.
Bei modernen, schmalen Ketten ohne Schloss
oder speziellem Nietstift ist der Rohloff »Revolver« (rund 180 Mark) unverzichtbar. Nur er
garantiert, dass der Niet aufgeweitet wird und
nicht selbsttätig aus der Lasche schlüpft.
Mit einem **Zahnkranz-Abzieher,** einem
Gabel- oder Ringschlüssel, sowie einer
Kettenpeitsche, um das
Ritzelpaket festzuhal-
ten, kann die Ver-
schlussmutter geöffnet
werden, damit die
Ritzel vom Frei-
laufkörper ab-
genommen
werden können. Kostenpunkt ohne
Maulschlüssel etwa 20 Mark. Der
Zahnkranz-Abzieher von Velora (im
Set mit einer weiteren Kettenpeitsche 55
Mark), bei dem der am langen Hebel
sitzende Abzieher von einem
Dorn geführt wird, der in die
Hohlachse eingreift,
kann nicht abrut-
schen – was Hän-
de und Nerven
schont.
An vielen
Tei-
len

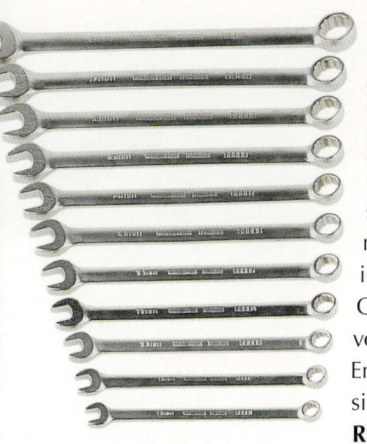

des Fahrrades können Muttern oder Schrauben mit Sechskantkopf vorhanden sein. Ein Set mit Schlüsseln in abgestuften Größen ist da von Nutzen. Empfehlenswert sind **Maul- und Ringschlüssel**, beziehungsweise Kombinationen davon. Ringschlüssel umfassen den Schraubenkopf auf größerem Umfang, dadurch werden die Schlüsselflächen geschont und korrodieren nicht so schnell.

Bei einigen Fahrradkomponenten – manchen Pedalen zum Beispiel – sind die Schlüsselflächen sehr schmal, übliche Schlüssel können da nicht eingesetzt werden. Gerade die Pedale lassen sich mit speziellen **Pedalschlüsseln**, die einen längeren Hebel haben, einfacher montieren als mit einem Innensechskant von der Achsseite her oder mit einem handelsüblichen Maulschlüssel, sofern der passt. Das Modell von Wrench Force zeichnet sich durch eine leichte Kröpfung aus, die Hände bleiben damit in sicherem Abstand zu den Zahnspitzen des Kettenblattes.

Ebenfalls sehr handfreundlich sind die **Konusschlüssel** von tacx. Die Kunststoffummantelung schont die Hände, der längere Griff spart Kraft beim Öffnen der Konterung. Zwei Stück sind schon ab 15 Mark zu haben.

Klassische **Lenkungslager** werden immer seltener, doch wer sie fährt, muss sie präzise einstellen und ordenlich kontern, damit sie sich nicht lösen und zerstört werden. Elites Einstell-Set (Paarpreis rund 40 Mark) schont die Handflächen durch Kunststoffkanten. In vielen Fällen ist es sinnvoll, die Kontermutter mit einem handelsüblichen Maulschlüssel anzuziehen, da diese eine größere Fläche aufweisen und so weniger hässliche Abdrücke in den Oberflächen hinterlassen.

Bei der Montage von Bowdenzügen vermeiden spezielle **Kabelschneider,** hier von Wrench Force für rund 80 Mark, dass das Außenhüllen-Enden zerquetscht und der Innenzug aufspleißt werden. Dies erleichtert die Zugverlegung und vermeidet übermäßige Reibung.

Wer oft und gerne an seinem Rad schraubt, gelangt mit den Schlüssel-Sets nach dem Taschenmesser-Prinzip schnell an die Grenzen. Die kompakte Bauform verhindert den optimalen Zugang zu manchen Schrauben, so dass öfter umgesetzt werden muss. Außerdem besteht die Gefahr, dass alle Schrauben mit der gleichen Kraft angezogen werden, da immer der selbe Hebel zur Verfügung steht. Kleine Schrauben können überdreht werden, bei großen Durchmessern, etwa 8-mm-Gewinden, sind die erforderlichen Anzugskräfte dagegen kaum zu leisten.

Sets mit Innensechskantschlüsseln bieten angepasste Hebelverhältnisse, und es gibt Modelle mit Kugelköpfen am langen Ende. Diese Kugelform erlaubt, dass der Schlüssel etwas schräg in der Schraube angesetzt werden kann, um versteckte Schrauben anzusetzen und einzudrehen. Zum Festziehen der Schraube muss allerdings ein normaler Schlüssel verwendet werden, sonst leiden Schraube und Werkzeug. Schlüsselsets mit diesen Eigenschaften werden ab 40 Mark angeboten. Beim besonders praktischen Set von Wiha sorgen eingelassene Federringe in den Kugelköpfen dafür, dass auf den Kugelkopf aufgesetzte Schrauben in versteckte Löcher gefädelt werden können.

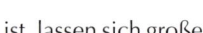

Der kompakte Kugelkopf-Y-Schlüssel Park Tool »AWS-8« eignet sich besonders als Ergänzung zu den Multiwerkzeugen für unterwegs, um die Schraubgeschwindigkeit zu erhöhen.

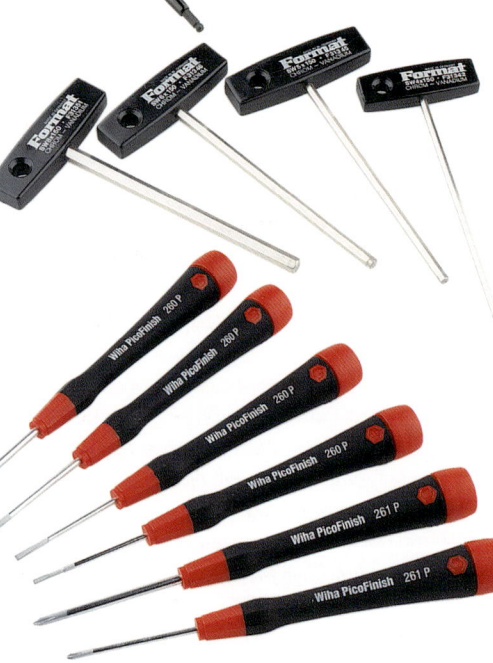

ist, lassen sich große Drehmomente einleiten, wenn ein Maul- oder besser noch ein Ringschlüssel als Hebel angesetzt wird. Aufgeraute Griff-Oberflächen vermeiden, dass ölverschmierte Hände abrutschen.

Feine Schlitz- und Kreuzschlitzschraubendreher werden beispielsweise zum Batteriewechsel bei Radcomputern und Pulsmessern benötigt, sind aber auch hilfreich wenn Dichtlippen aus Bauteilen herausgeholt werden müssen.

Lenkerbänder, Kabelbinder, Felgenband sind fahrradtypische Einsatzzwecke von Schere und Universalmesser.

DIE EXTRAS

Teiletausch und Radmontage

Einfache **Kurbelabzieher** gibt es ab 15 Mark, zusätzlich benötigt man einen Maulschlüssel, um die Spindel zu drehen. Der Park-Tool-Abzieher für 30 Mark erspart durch seine integrierte Spindel einen Handgriff.

Für die Montage und Demontage von Kompakt-Innenlagern gibt es ab 12 Mark die einfachen Werkzeuge. Der Velora-Abzieher greift ebenfalls mit seinem Keilwellenprofil in die Lagerschale, wird aber durch eine federbelastete Spindel gegen Abrutschen gesichert, die in die Innenlagerwelle eingedreht wird. Der lange Hebel erlaubt den nötigen hohen Krafteingang

Ein Optimum an Handlichkeit und Übersichtlichkeit erreicht die Werkstattausstattung mit einem Innensechskant-Schraubendreherset mit Kugelköpfen und einem Set **Schlüssel mit Quergriffen.**

Beim Kauf von **Schraubendrehern** sollte darauf geachtet werden, dass die Klinge des Schraubendrehers durch den gesamten Griff reicht. So kann man einer festsitzenden Schraube getrost mit dem Hammer einen lösenden Schlag versetzen. Mit einem Sechskant, der am Übergang zum Griff angeformt

Werkzeug

satz. Rund 130 Mark kostet das pfiffige Werkzeug.

Nachdem sich Patronenlager auf breiter Front durchgesetzt haben, gehörte das Einstellen von Innenlagern eigentlich der Vergangenheit an. Mit den aktuellen Dura-Ace-Lagern von Shimano muss nun wieder umgedacht werden. Während die Japaner den Schlüssel für die Lagerschale mitliefern, muss der Außenring mit **Hakenschlüsseln** oder ähnlichem gekontert werden. Park Tools neuer Schlüssel sichert den Eingriff über den gesamten Umfang und verhindert so, dass das empfindliche Aluminiumteil zerkratzt wird.

Beim Sturz auf die rechte Seite, oder auch schon, wenn das Rad im Stand umfällt, verbiegt leicht das Gewindeauge am Ausfallende. Mit einem **Schaltaugen-Richtwerkzeug** gelingt die Rückverbiegung einfach und präzise.

Spitze Zangen zur Demontage von Sicherungsringen ermöglichen die Wartung vieler Lagereinheiten, wobei zwei Ausführungen für Innenringe und für Außenringe (zusammen ab 30 Mark) gebräuchlich sind.

Mit **Drehmomentschlüsseln** können die empfohlenen Schraubenanzugsmomente bei sensiblen Bauteilen präzise eingehalten werden, was für eine hohe Betriebssicherheit sorgt. Preiswerte Schlüssel, bei denen ein langer Zeiger die Verbiegung des Schlüssels auf einer Skala anzeigt, liefern nur Näherungswerte. Empfehlenswert sind die Versionen, die abschalten oder deutlich hörbar knacken, wenn das vorher eingestellte Moment erreicht wird. Benötigt werden üblicherweise **Innensechskant-Aufsätze** mit 4, 5, 6, 8 Millimetern und gegebenenfalls **Maulschlüsselvorsätze,** etwa mit 15 Millimetern für die Pedale.

Mit der Knarre und einem Satz **Steckschlüsseln** lässt sich besonders schnell schrauben – und die Einsätze können ersatzweise als Dorn verwendet werden, wenn Lager in Naben eingepresst werden sollen. Zur Auswahl stehen 1/4-, 3/8- und 1/2-Zoll-Vierkantantriebe für verschiedene Schlüsselweiten. Durch Zwischenstücke lassen sich die verschiedenen Vierkanteinsätze untereinander kombinieren und mit Drehmomentschlüsseln kombinieren.

Grobe Arbeiten erfordern den Einsatz eines **Schlosserhammers,** bei filigranen Bauteilen ist derart deftiger Umgang wenig sinnvoll. Gummi- oder Kunststoffhammer (ab 8 Mark) verleihen einem festsitzenden Konus auch den nötigen Nachdruck, hinterlassen aber keine unschönen Spuren im Material. **Schonhämmer** (ab 25 Mark) ermöglichen präzise Schläge, da sie rückschlagfrei sind und nach dem Schlag nicht zurückfedern.

Rahmen- und Sattelhöhe, Abstand des Lenkers zum Sattels und Radumfang sind nur ein Teil der Werte, die benötigt werden, wenn ein Rad oder ein Radcomputer eingestellt werden sollen. Zusätzlich zum Meterstab gehört ein präziser Messschieber für rund 30 Mark in die Werkstatt. Vor dem Teiletausch können so die Schrauben-, Lenker-, und Sattelstützendurchmesser exakt ermittelt werden.

WASCHTAG

Keiner macht es gerne, nötig ist es dennoch. Der Großputz am Fahrrad dient nicht nur der Optik – bevor man sich am Renner zu schaffen macht, muss der Dreck weg.

Kälte, Regen, frühe Dunkelheit – oder Unlust, Faulheit und Zeitmangel: die Argumente, um das Rennrad nach der Ausfahrt ungeputzt im Keller stehen zu lassen, sind ebenso zahlreich wie wohlfeil. Doch spätestens dann, wenn man dringende Wartungsarbeiten am Rad durchführen oder neue Komponenten montieren möchte, rächt es sich, wenn man die Rennmaschine zu oft achtlos in die Ecke stellt. Nicht nur die Arbeit am Rad wird unangenehm, wenn es vor Dreck starrt – Schmutz und Korrosion fördern auch den Verschleiß von Oberflächen und Komponenten.

Unbemerkt verrichten vor allem in der kalten Jahreszeit Salz und Feuchtigkeit ihr zerstörerisches Werk, vor allem, wenn das Rad in einem leicht feuchten und warmen Keller abgestellt wird. Festsitzende Züge, eine laut knirschende, rostrote Kette sowie platte Reifen, deren Gummi durch die Standzeiten spröde und rissig wird, sind die kleineren der möglichen Übel. Gravierend sind von Rost unterwanderte Lack- und Chromflächen, weißlich korrodierte Aluminium- oder Magnesiumteile sowie im Rahmen festsitzende Vorbauten und Sattelstützen. Hat notorische Putz-Unlust und achtlose Aufbewahrung des Rades erst einmal zu solchen Beschädigungen geführt, werden die erforderlichen Reparaturen ziemlich teuer.

Auch die Einsicht in die Notwendigkeit ändert nichts daran: Putzen gehört zu jenen Begleiterscheinungen des Radfahrens mit den besten Chancen, einem den Spaß daran zu verderben. Hier setzt die Industrie auf Radlers Bequemlichkeit und bietet eine Menge geheimnisvoller Essenzen und Sprays an, die die Fahrradpflege zum Kinderspiel machen sollen. Wundermittel gibt es trotzdem nicht: Bei unsachgemäßer Anwendung kann es sogar zu Schädigungen von Lack und Material kommen. Zudem ist die Umwelt fast immer die Verliererin; bei Sprays geht das meiste daneben, da das Fahrrad wenig Flächen bietet, manche Mittel enthalten umweltbelastende Stoffe.

Vorsichtig sollte man auch mit dem Dampfstrahler umgehen. Schnell und unkompliziert wird der Dreck zwar in Windeseile mit heißem Wasser und Hochdruck vom Fahrrad gespült. Doch ebenso leicht wie Dreck und Schlamm löst der scharfe Wasserstrahl auch Aufkleber vom Rahmenrohr und dringt in Lagerspalte ein. Hat das Wasser erst einmal die Lagerdichtungen passiert, beginnt es sein zerstörerisches Werk, da es nicht mehr ablaufen kann. Das Fett wird aufgelöst, der Verschleiß des Lagers beschleunigt sich rapide.

Nicht zu empfehlen ist auch die Säuberung der Kette mittels Reinigungsbürsten oder Kettenreinigungsmaschinen und der Hilfe spezieller Fettlöser. Das Fett im Inneren der Gelenke wird durch den Kettenreiniger aufgelöst, der Schmutz dennoch nicht vollständig herausgespült. Reste des alten Fettes und des Reinigers verbleiben im Inneren, neues Öl oder Fett kann selbst bei abgetrockneter Kette nicht im erforderlichen Maße nachfließen. Einem glänzenden Äußeren steht damit eine Verschlechterung der Grundschmierung im Inneren der Kette entgegen. Reinigungsöl ist für Rennmaschinen beispielsweise nahezu ungeeignet, da es keine Salzreste ablösen kann, wie sie durch angetrockneten Schweiß und ausgelaufene Elektrolytgetränke entstehen.

Nach wie vor ist die Handwäsche mit Schwamm und Bürste die vorteilhafteste Reinigungsart; Wasser, in dem einige Tropfen Spülmittel gelöst sind, reicht dafür völlig aus. Salzkrusten sowie Straßenschmutz werden abgelöst und zuverlässig entfernt. Konserviert wird mit Hartwachs, das im Nebeneffekt auch noch Teerspritzer beseitigt. Die Handarbeit bietet außerdem den Vorteil, dass man während der Velo-Pflege schneller auf mögliche Defekte stößt.

Lackschäden sollten sofort rost- und staubfrei gemacht und mit einem Lackstift ausgebessert werden.

Steht das gute Stück blitzblank vor Ihnen, stellt sich die Frage nach der bestmöglichen Aufbewahrung. Wichtig ist, vor allem während der Wintermonate, wenn das Rad längere Zeit nicht genutzt wird, dass Sie es an einem trockenen und gut durchlüfteten Ort unterbringen; die Raumtemperatur dagegen ist zweitrangig. In dunklen Räumen ist die Neigung der Kunststoff- und Gummiteile geringer, spröde zu werden oder Risse zu bekommen. Die Bremsen sollten am Entspannhebel geöffnet, vorne sollte aufs kleine Blatt und hinten aufs kleinste Ritzel geschaltet werden: So sind die Federn der Schalthebel, der Bremsen, des Schaltwerks und des Umwerfers entlastet und verlieren während der Standzeit ihre Spannung nicht.

Erfahrungsgemäß weicht aus den Schläuchen mit der Zeit der Druck. Steht das Rad auf dem Boden, wird der Reifen an dieser Stelle verformt. Um den Rundlauf der Reifen zu erhalten, sollten diese entlastet werden. Dies kann durch Aufstellen auf einen Ständer geschehen, oder durch Aufhängen. Dabei spielt es keine Rolle, ob das Rad an Lenker und Sattel hochgehängt wird, oder ob das Rennrad mit den Laufrädern nach oben in kunststoffummantelte Haken unter die Decke gehängt wird. Die Felgen tragen das Eigengewicht des Rades problemlos.

RENNRAD-PFLEGE

leicht gemacht

1 Sorgen Sie für einen sicheren Stand Ihres Fahrrades, bevor Sie mit den Reinigungsarbeiten beginnen. Spritzen Sie das gesamte Rad mit einem weichen Wasserstrahl nass, um Schmutz und Salzreste zu lösen. Geben Sie einige Tropfen Spülmittel als Fettlöser in einen Eimer mit Wasser. Waschen Sie das Rad mit einem Schwamm von oben nach unten ab. Tauchen Sie den Schwamm regelmäßig in das Wasser, damit der Schmutz abgespült wird und nicht kleine Partikel durch Hin- und Herreiben an den lackierten oder polierten Flächen schmirgeln. Am Rahmen hartnäckig anhaftende Fett- und Teerreste werden bei der abschließenden Hartwachskur entfernt. Achten Sie beim Abwaschen auf frühe Anzeichen bevorstehender Defekte, wie Verfärbungen, Verbiegungen, Anrisse und tiefe Kratzer.

2 Befreien Sie die Felgen, deren Ösen, die Nippel und die Seitenwände der Reifen mit einer Bürste vom hartnäckigen Aluminiumbremsstaub. Spritzen Sie das Rad abschließend nochmals ab.

TIPPS & TRICKS

● *Lassen Sie aufgesprühtes Kriechöl einige Stunden einwirken, bevor Sie versuchen, die Sattelstütze oder den Vorbau zu lösen.*
● *Hartnäckige Verschmutzungen durch Fett oder harzig gewordenes Öl lösen Sie zuverlässig und umweltschonend mit biologisch abbaubarem Fettlöser auf Zitrus-Basis.*

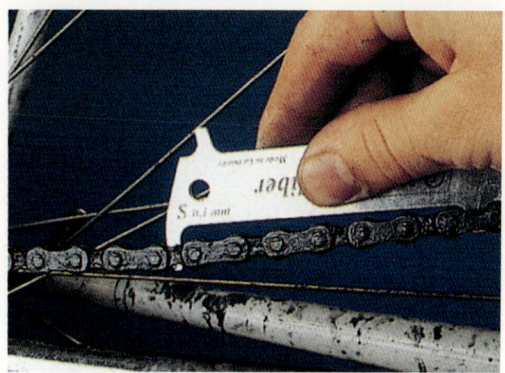

3 Kontrollieren Sie nach der Wäsche auf der Unterseite des Tretlagers, ob eine Entwässerungsbohrung vorhanden ist. Ist sie mit einer Schraube verschlossen, sollten Sie die öffnen, um eventuell eingedrungenes Wasser ablaufen zu lassen. Markieren Sie die Einstecktiefe der Sattelstütze mit einem Klebeband und lösen Sie die Sattelstützen-Klemmschraube. Ziehen Sie die Stütze heraus und wischen Sie das Fett und den Schmutz an der Stütze und im Innern des Rohres ab. Lassen Sie das Rad mit demontierter Stütze an einem gut belüfteten Ort stehen, bis es vollständig abgetrocknet ist.

4 Messen Sie die Längung der Kette, zum Beispiel mit dem »Caliber« von Rohloff, bevor Sie mit deren Reinigung beginnen. Bei stark verschlissenen Ketten empfiehlt sich der Austausch.

Drehen Sie die Kurbel rückwärts und umfassen Sie dabei das untere Kettentrum mit einem öligen Stofflappen. Wechseln Sie die Stelle des Lappens, damit die Kette weitgehend von anhaftendem Schmutz befreit wird.

5

6 Vitrinentaugliche Sauberkeit erzielen Sie, wenn Sie die Kette auf das große Kettenblatt legen und Glied für Glied von innen nach außen abstreifen. Fetten Sie die Kette zum Schluss mit biologisch abbaubarem Kettenöl und drehen Sie die Kurbel einige Umdrehungen durch, damit sich das Öl verteilt.

7 Schalten Sie auf das kleinste Ritzel und bauen Sie das Hinterrad aus. Nehmen Sie die Kette vom Kettenblatt und legen Sie den Gliederstrang auf dem Tretlagergehäuse ab. Demontieren Sie die Kettenblätter. Achten Sie darauf, dass beim oftmals ruckartigen Lösen der Kettenblattschrauben Ihre Hand nicht mit scharfen Kanten kollidiert. Benutzen Sie einen ausreichend langen Innensechskant oder eine Verlängerung. Schaben Sie verharztes und verschmutztes Öl mit einem Kunststoffschaber ab. Kunststoffwerkzeug vermeidet Kratzer in der eloxierten Oberfläche. Wischen Sie anschließend die Kettenblätter und die Kurbeln mit einem Lappen sauber.

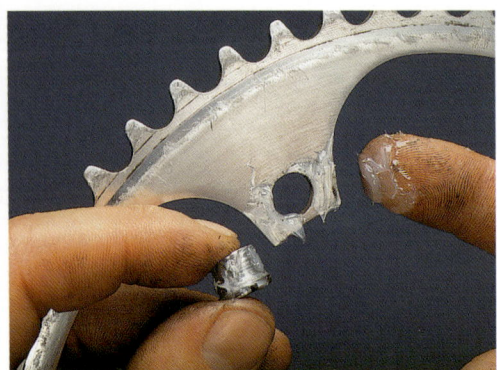

8 Tragen Sie etwas Fett auf die Gewinde und die Passflächen der Verschraubungen, sowie die Kontaktstellen der Kettenblätter zur Kurbel auf. Montieren Sie die Kettenblätter wieder. Achten Sie darauf, dass der Fangzapfen des großen Kettenblattes zum Kurbelarm hinzeigt und dahinter positioniert wird.

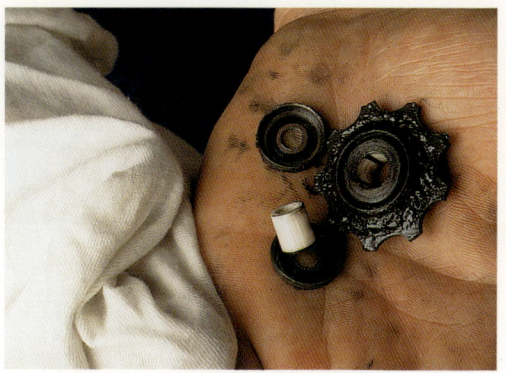

9 Lassen Sie die Kette auf dem Tretlagergehäuse liegen. Schauen Sie sich den Bereich der Umlenkrollen, vor allem den Verlauf der Kette genau an, bevor Sie die Leitrollen am Schaltwerk demontieren. Beachten Sie, dass beim Aufschrauben das Schaltwerk immer noch etwas unter Spannung steht, die Einzelteile können eventuell weggeschleudert werden. Zerlegen Sie die Rollen und entfernen Sie den Schmutz und das verbrauchte Öl und Fett. Fetten Sie den Lagerbereich der kleinen Rädchen reichlich und montieren Sie das Schaltwerk wieder zusammen. Achten Sie darauf, dass Sie die Dichtungen beim Aufstecken der Metalldeckelchen nicht beschädigen und dass Sie die Kette richtig in den Käfig legen. Fetten Sie die Leitrollenschrauben nur am Kopf und nicht am Gewinde, da seitens des Herstellers dort oft Schraubensicherungskleber aufgebracht wurde.

10 Stellen Sie das Laufrad vor sich auf den Boden und klemmen Sie es mit den Beinen fest, damit es nicht wegrollt, wenn Sie den Zahnkranz säubern. Reinigen Sie die Zwischenräume mit einem gefalteten Lappen. Ziehen Sie den Lappen in den Zwischenräumen hin und her, sodass der Freilauf immer ein Stück weitergedreht wird und Sie immer wieder eine neue Stelle reinigen. Die zweite Möglichkeit besteht darin, das Ritzelpaket abzunehmen und jedes Ritzel einzeln sauber zu reiben. Reinigen Sie den Kassettenkörper ebenfalls und konservieren Sie ihn mit Sprühwachs, bevor Sie die Ritzel wieder aufschieben.

Kontrollieren Sie die Achsstummel und die Achse des Schnellspanners auf Flugrost, entfernen Sie diesen gegebenenfalls mit Stahlwolle und wachsen Sie diese Partien und den Nabenkörper mit reichlich Sprühwachs ein.

11

12 Reinigen und konservieren Sie jede Speiche einzeln mittels eines mit flüssigem Hartwachs getränkten Tuches. Wachsen Sie die Felgen mit Ausnahme der Bremsflächen ein. Versiegeln Sie vor allem die Speichenlöcher und die Nippel. Eventuell auf die Bremsflächen gelangtes Wachs sollten Sie mit Spiritus oder Reinigungsbenzin wieder entfernen. Verfahren Sie beim Vorderrad ebenso.

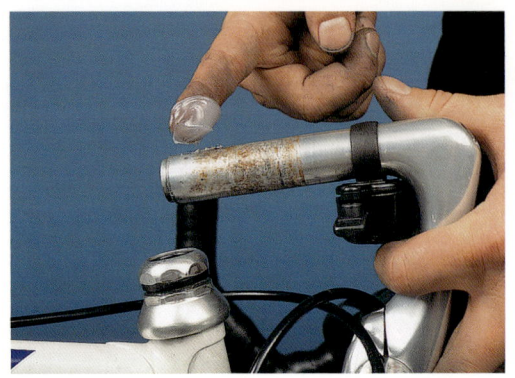

13 Öffnen Sie die Vorbauschraube und ziehen Sie den vorher markierten Vorbau heraus. Entfernen Sie das alte Fett und schieben Sie den Vorbau wieder frisch gefettet in das Gabelschaftrohr. Richten Sie den Vorbau aus und ziehen Sie die Klemmschraube gemäß den Herstellervorschriften an. Montieren Sie die frisch gefettete Sattelstütze wieder in das Sitzrohr und drehen Sie gegebenenfalls die Schraube wieder in die Bohrung des Tretlagergehäuses.

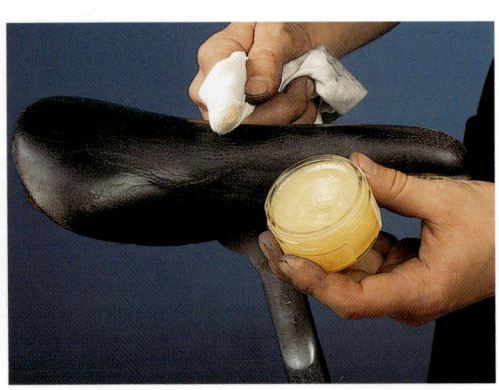

14 Fetten Sie Sättel mit Lederdecken mit einem speziellen Lederfett ein.

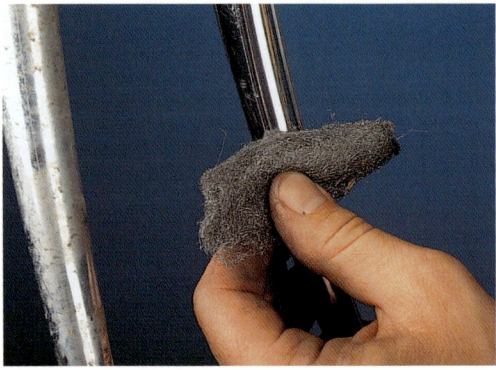

15 Entfernen Sie Flugrostbefall von Chromteilen mit Stahlwolle. Achten Sie darauf, dass der Verlauf der hauchzarten Stahldrähtchen quer zur Reibrichtung ausgerichtet ist, sonst kann es zu Kratzern kommen.

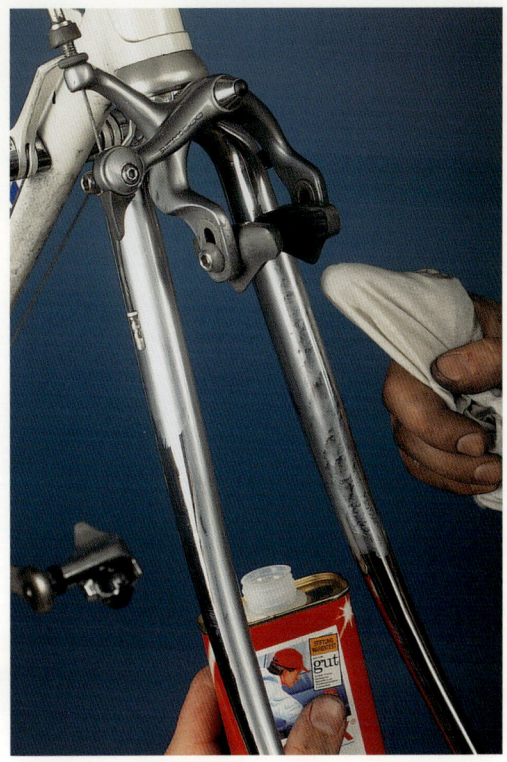

17 Träufeln Sie ein Tröpfchen Öl an alle Gelenke und Federn des Schaltwerkes, des Umwerfers und der Bremskörper. Machen Sie abschließend eine Funktionskontrolle. Schalten Sie dabei mehrfach alle Gänge durch und ziehen Sie die Bremshebel öfters durch, damit sich das Öl in den Gelenklagern verteilen kann.

16 Prüfen Sie, ob die eventuell ausgebesserten Lackstellen vollständig abgetrocknet sind, bevor Sie das Hartwachs mit einem sauberen Lappen auf alle Lack- und metallischen Oberflächen aufbringen. Lassen Sie das Wachs antrocknen, bis sich ein matter Film ergibt. Polieren Sie die Flächen mit einem sauberen und weichen Stofftuch wieder glänzend. Testen Sie die Schutzschicht, indem Sie etwas Wasser darauf gießen. Auf einer gewachsten Oberfläche perlt das Wasser sauber ab, je höher und runder die Perlen, umso besser der Schutz.

TIPPS & TRICKS

● *Kontrollieren Sie die Bremsbeläge: Während der Fahrt können sich kleine Aluminiumpartikel oder Steinchen in den Belägen festsetzen, die dann auf der Felge hässliche Riefen erzeugen und den Verschleiß beschleunigen. Entfernen Sie solche Partikel aus den Belägen.*
● *Wischen Sie nach der Pflege mit Öl und Fett überschüssigen Schmierstoff von Rahmen und Komponenten ab – ansonsten wird Staub magisch angezogen.*

PLATZ DA !

Die korrekte Einstellung von Sattel, Lenker und Pedalen entscheidet darüber, ob sich der Sportler auf seiner Rennmaschine wohlfühlt und seine Leistung entfalten kann. Hier steht, wie der »Arbeitsplatz« Rennrad exakt eingestellt wird.

Beobachtet man die Radprofis einmal aufmerksam dabei, wie sie ihr Tagwerk verrichten, gewinnt man den Eindruck, als seien die Fahrer mit ihren Rädern gleichsam verwachsen. Es scheint, als säßen sie »in« ihrem Rad: Das Umgreifen vom Oberlenker in die Unterlenkerbeuge, der Griff zu den Bremsen, das Aufstehen zum Wiegetritt – alles wirkt harmonisch und wie selbstverständlich. Die Streckung der Beine, die ruhige Haltung des Beckens, die leicht angewinkelten Arme, die jederzeit schnelles Reagieren ermöglichen: ein perfektes Bild. Natürlich resultiert diese innige Verbindung zwischen Fahrer und Rad aus der tagtäglichen Nutzung über mehrere zehntausend Kilometer pro Jahr; aber es liegt auch daran, dass die Rennfahrer ihre Position auf dem Rad mit äußerster Akribie einstellen und kontrollieren. Und das ist ein Punkt, in dem es sich für Freizeit-Sportler nun wirklich lohnt, den Idolen nachzueifern.

So unterschiedlich, wie die Menschen gebaut sind, gibt es zwangsläufig kein Patentrezept und vor allen Dingen keine Einheitseinstellung der Maschine, allenfalls Anhaltspunkte – aber die sollten unbedingt beachtet werden.

Im Zentrum der Bemühungen um die optimale Sitzposition steht der Tretvorgang. Dabei müssen die Knie annähernd durchgestreckt werden und die Hüfte darf nicht nach links oder rechts kippen, wenn die Pedale abwechselnd den tiefsten Punkt des Tretkreises durchlaufen. Die Höhe des Sattels wird kontrolliert, indem der Radfahrer, auf dem Sattel sitzend, in Radschuhen mit der Ferse auf das am tiefsten Punkt stehende Pedal tritt. Klickt man dann in das Pedal ein, stimmt die Position, wenn das Knie leicht angewinkelt wird.

Vor allem Rennrad-Neulinge sollten nicht versuchen, die konsequent aerodynamische Sitzposition der Profis zu kopieren – sonst schmerzen schon bei der ersten Ausfahrt Genick, Handgelenke und Gesäß. Alle Griffpositionen – Oberlenker, Unterlenker, Bremsgriffe – sollten bequem erreichbar und über längere Zeit erträglich sein. Wer die Hände stets am Oberlenker lässt und mit durchgestreckten Ellenbogen jede Fahrbahnunebenheit bis ins Gehirn weiterleitet, hat mit Sicherheit den Lenker zu tief und wahrscheinlich einen zu langen Vorbau montiert. Zu Beginn sollten Sie den Vorbau so hoch wie möglich einstellen: Die Satteloberkante sollte nur unwesentlich höher liegen als der Oberlenker. Mehr als zehn Zentimeter Sattelüberhöhung fahren allenfalls hartgesottene Profis.

Der korrekte Abstand zwischen Sattel und Lenker lässt sich am besten in Unterlenkerhaltung feststellen, die der aerodynamisch günstigsten Position entspricht. Ober- und Unterarm bilden einen rechten Winkel, während die Knie bei der Tretbewegung knapp an den Ellenbogen vorbeilaufen. Berühren sich Knie und Ellenbogen, deutet dies auf einen zu kurzen Vorbau hin – es sei denn, Sie möchten in Oberlenkerhaltung betont aufrecht sitzen. Mit einem Blick zur Seite während der Fahrt in eine Schaufensterscheibe kann man seine Position gut überprüfen.

Änderungen an der Sitzposition kann man mit dem Bordwerkzeug auch unterwegs ausführen; sicherer ist es, wenn man sein Rad in einer Werkstatt umbaut, in der auch ein Drehmomentschlüssel zur Verfügung steht, mit dem die vorgeschriebenen Anzugskräfte der Schrauben eingehalten werden können.

TIPPS & TRICKS

Bequem und praxisgerecht lässt sich die Position einstellen, wenn man sein Rad auf einer Trainingsrolle montiert und vor einem großen Spiegel postiert. Achten Sie dann aber darauf, dass Ihr Rad waagerecht steht – gegebenenfalls müssen Sie zum Höhenausgleich ein Brett oder ein Telefonbuch unters Vorderrad legen.

SATTEL, LENKER, VORBAU

So wird's gemacht

1 Kontrollieren Sie mit einer Wasserwaage, ob der Sattel waagerecht steht. Öffnen Sie bei Bedarf die Schraube direkt unterhalb des Sattelgestells zwei bis drei Umdrehungen, bis sich der Sattel kippen lässt. Zerlegen Sie den Mechanismus nicht so weit, dass sich die Teile voneinander trennen. Drehen Sie die Schraube wieder fest, bis sich der Sattel nicht mehr kippen lässt, wenn Sie ihn abwechselnd vorne und hinten mit der Hand belasten. Bei Sattelstützen mit zwei Schrauben lösen Sie die Schraube auf der Seite, zu welcher der Sattel abfällt. Im Gegenzug ziehen Sie die Schraube an, zu deren Seite hin der Sattel tiefer gestellt werden muss.

Um die Höhe des Sattels zu verändern, öffnen Sie die Schraube an der Sitzrohrmuffe oder an der Schelle am Sitzrohr eine bis zwei Umdrehungen. Die Sattelstütze sollte sich dann mühelos auf und ab schieben lassen. Wenden Sie keinesfalls Gewalt an, sonst beschädigen Sie die Stütze. Lässt sich die Stütze nicht bewegen, muss der Rahmen vom Radhändler nachbearbeitet werden.

Richten Sie die Stütze gerade aus, indem Sie von oben über die Sattelnase und das Oberrohr auf das Tretlager peilen. Ziehen Sie die Schraube mäßig fest an und kontrollieren Sie wie im Bild, ob sich der Sattel gegenüber dem Rahmen verdrehen lässt. Ist dies der Fall, müssen Sie das Anzugsmoment der Schraube erhöhen, indem Sie die Schraube in Viertelumdrehungen fest drehen und dazwischen immer wieder den sicheren Sitz kontrollieren.

TIPPS & TRICKS

● *Lenker, Vorbau und Gabel sind die sensibelsten Teile eines Rennrades und von zentraler Bedeutung für die Fahrsicherheit. Wenn Sie bei Wartungsarbeiten unsicher sind, wenden Sie sich lieber an einen Fachmann.*

● *Auch wenn man es auf den ersten Blick nicht sieht: Diese hochbelasteten Teile unterliegen dem Verschleiß und sollten zur eigenen Sicherheit regelmäßig ausgetauscht werden. Die Wechselintervalle hängen von Fahrergewicht, Fahrstil und Intensität der Nutzung ab.*

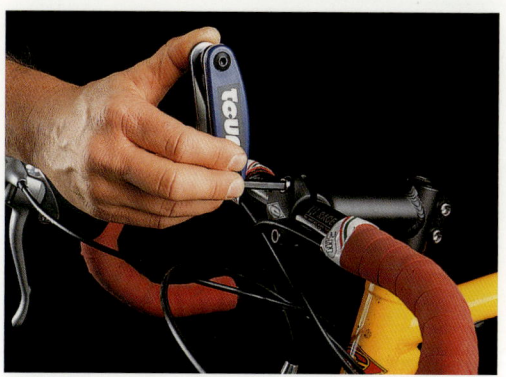

2 Stellen Sie den Lenker so ein, dass die unteren geraden Enden parallel zum Untergrund verlaufen oder allenfalls leicht nach hinten abfallen. Lösen Sie bei konventionellen Vorbauten die Schraube auf der Unterseite, damit Sie den Lenker verdrehen können. Bei (Ahead-)Vorbauten mit Frontdeckel werden beide Schrauben gelöst. Kontrollieren Sie, ob der Lenker in der Mitte geklemmt wird, bevor Sie die Schrauben festziehen. In der Regel haben die Lenker in der Mitte Markierungen, die die symmetrische Anordnung erleichtern. Achten Sie bei Vorbauten mit Deckel darauf, dass Sie beide Schrauben gleichmäßig anziehen. Erkennbar ist dies an den Schlitzen, die oben und unten gleich breit sein sollten.

3 Kontrollieren Sie den festen Sitz des Lenkers, indem Sie sich vor das Rad stellen und beide Bremsgriffe packen. Der Lenker darf sich bei einem beherzten Ruck nicht nach unten wegdrehen. Ziehen Sie die Verschraubung gegebenenfalls in Viertelumdrehungen nach.

SATTEL, LENKER, VORBAU

So wird's gemacht

4 Konventionelle Vorbauten können etwas in der Höhe variiert werden. Sie erkennen diese Vorbauart daran, dass der Schaft im Gabelinneren steckt. Öffnen Sie die Spindelschraube, die senkrecht von oben im Vorbau steckt, zwei bis drei Umdrehungen. Lässt sich der Vorbau dann nicht bewegen, müssen Sie von oben mit einem Gummihammer auf das eingesteckte Werkzeug klopfen, um den festsitzenden Mechanismus zu lösen. Steht kein Gummihammer zur Verfügung, legen Sie ein Stück Holz auf das Werkzeug, bevor Sie mit einem Hammer beherzt darauf schlagen. Ziehen Sie den Vorbau höchstens soweit heraus, dass die Maximal-Markierung noch vom Gabelschaft verdeckt wird. Weiter herausgezogene Vorbauten können versagen oder den Bruch des Gabelschaftes hervorrufen.

5 Richten Sie den Lenker gerade aus und kontrollieren Sie die Flucht des Vorbaus zum Vorderrad. Ziehen Sie die Vorbauschraube an. Stellen Sie sich zur Kontrolle vor das Fahrrad und klemmen Sie das Vorderrad zwischen Ihre Knie. Fassen Sie den Lenker wieder an den Bremsgriffen und versuchen Sie, ihn gegen das Vorderrad zu verdrehen. Ziehen Sie die Vorbauspindel etwas nach, wenn sich der Lenker verdrehen lässt.

6 Bei (Ahead-)Vorbauten, die den Gabelschaft umschließen, sind die Schrauben seitlich für die Fixierung verantwortlich. Wenn Sie Zwischenringe von unten nach oben tauschen, oder den Vorbau zu größeren Höhenveränderungen umdrehen wollen, müssen Sie diese Schrauben lösen, aber nicht vollständig herausdrehen. Die Einstellschraube oben im Deckel muss vollständig geöffnet werden, wodurch in der Regel die Einstellung des Lenkungslagers verloren geht. Stecken Sie den Vorbau und alle vorhandenen Ringe wieder in der gewünschten Reihenfolge auf den

Gabelschaft und drehen Sie die obere Schraube wieder hinein. Drehen Sie diese Schraube keinesfalls fest, sonst beschädigen Sie das Lager! Heben Sie das Vorderrad an und kontrollieren Sie, ob sich die Gabel leicht von ganz links nach ganz rechts drehen lässt und zur Seite kippt, wenn der Lenker mit dem Finger angetippt wird. Legen Sie danach die Finger einer Hand um die obere Schale des Lenkungslagers, ziehen Sie mit der anderen Hand am Hebel der Vorderradbremse und versuchen Sie das Fahrrad vor- und zurückzuschieben. Wenn sich die Schalen gegeneinander verschieben lassen, ist noch Spiel im Lager. Drehen Sie die Einstellschraube noch etwas weiter ein und kontrollieren Sie erneut, ob das Lager noch leicht läuft und spielfrei ist. Richten Sie den Vorbau aus, ziehen Sie die seitlichen Klemmschrauben nach und kontrollieren Sie abschließend, ob sich der Lenker gegenüber dem Vorderrad verdrehen lässt.

7 Schuhplatten müssen ebenfalls auf den jeweiligen Fahrer ausgerichtet werden, sonst drohen Knieprobleme. Die Mitte der Platte müssen Sie genau unter der Mitte des Ballens positionieren. Zudem müssen Sie die Platten so drehen, dass die Stellung

des Schuhs zum Pedal der natürlichen Haltung der Füße beim Stehen entspricht. Die Fersen weisen dann meistens leicht nach innen, die Platte sitzt schräg zum Verlauf des Schuhs. Wenn Sie ein Lineal über die Mitte der Platten legen, verdeutlicht dies den Winkel zwischen Platte und Schuh. Ziehen Sie die Schuhe an und üben Sie den Ein- und Ausstieg einige Male im Stand, bevor Sie sich auf die Straße wagen. Fällt der Ausstieg schwer, kann bei den meisten Systempedalen die Vorspannung des Federmechanismus verringert werden. Die Drehrichtung der Verstellschraube markieren die Hersteller mit Plus- und Minus für mehr oder weniger Vorspannung.

KONTAKTAUFNAHME

Am Rennrad kommen zwei verschiedene Reifensysteme zum Einsatz: klassische, geklebte Schlauchreifen oder moderne Drahtreifen. Die Unterschiede betreffen vor allem die Montage und Reparatur.

DRAHTREIFEN

Gäbe es für Rennräder eine Pannenstatistik, würde darin die Reifenpanne mit weitem Abstand Platz eins belegen. Mögliche Ursachen für einen Reifenschaden gibt es viele, oft entsteht ein Defekt sogar im Inneren des Systems aus Reifen, Schlauch, Felgenband und Felge. Das Zusammenspiel dieser vier Bestandteile ist komplex, die Anforderungen sind vielfältig und teilweise auch widersprüchlich. Die Räder sollen möglichst leicht und aerodynamisch sein, gut abrollen, auf dem Asphalt haften und Stöße abfedern, außerdem robust sein und lange halten.

Das wichtigste Kriterium zur Vermeidung von Pannen ist der korrekte Luftdruck im Reifen. Wird der Reifen zu schwach aufgepumpt, droht beim schnellen Überfahren von Kanten ein Durchschlag: Der Schlauch wird zwischen Reifen und Felgenhorn gequetscht. Zwei kleine, längliche Löcher im Abstand der Felgenbreite sind das charakteristische Bild dieses Defekts, der als »snake bite« (Schlangenbiss) bekannt ist. Die Luftdruckkontrolle vor jeder Fahrt, am besten mittels einer Standpumpe mit eingebautem Manometer, ist daher unerlässlich. Rahmenpumpen sind dafür weniger geeignet, denn der erforderliche Luftdruck lässt sich damit nur mühsam und ungenau erzielen. Wie hoch der Druck im Reifen sein muss, hängt von der Reifengröße und dem Fahrergewicht ab. Leichte Fahrer erzielen einen guten Kompromiss, wenn sie ein bis zwei bar unterhalb des Maximaldrucks bleiben, den der Reifenhersteller auf der Reifenflanke angibt. Schwere Fahrer sollten dagegen den maximal möglichen Druck ausnutzen. Die Reifen noch härter aufzupumpen, macht dagegen wenig Sinn, denn der Reifen rollt dadurch nicht leichter; dafür leidet der Komfort und das Risiko, dass der Reifen abspringt, nimmt zu.

Bei der Wahl des Reifens sollten Sie beachten, dass sich zum Schutz gegen äußere Verletzungen möglichst viele Schichten feines Gewebe unter der Lauffläche befinden sollten. Standard sind drei Gewebelagen, besser wird der Schutz durch eine bis zwei zusätzliche Lagen Nylon- oder Kevlargewebe. Der Begriff »Kevlar« kann allerdings in die Irre führen: Er bezeichnet oft die faltbare Version eines Reifens, bei dem sich statt der Drahtringe Stränge aus Kevlar im Reifenfuß befinden. Meistens wird der Reifen dadurch auch leichter, durchschnittlich um rund 50 Gramm.

Schläuche gibt es aus unterschiedlichen Materialien, wobei Butylschläuche, die an der schwarzen Farbe leicht erkennbar sind, aufgrund ihrer ausgewogenen Eigenschaften die sinnvolle Standardausrüstung darstellen. Der Schlauch muss zur Reifendimension passen, sonst besteht die Gefahr, dass er bei der Montage bereits verletzt, oder zu stark gedehnt und dadurch sehr pannenanfällig wird.

Schläuche verschiedener Hersteller und Preislagen unterscheiden sich hauptsächlich in der Wandstärke und der Länge des Ventils. Standardschläuche wiegen rund 100 Gramm, Exemplare mit weniger als 80 Gramm sind anfällig gegen Durchschläge. Achten Sie beim Kauf auf die Länge des Ventils, vor allem, wenn Sie an Ihrem Rad Aerofelgen fahren. Wenn Sie in Ihrem Reifentäschchen einen Schlauch mit kurzem Ventil spazierenfahren, ist die Fahrt nach einer Panne zu Ende, sofern Sie den defekten Schlauch nicht flicken können.

Felgenbändern kommt die Aufgabe zu, den dünnen und recht empfindlichen Schlauch von Speichen, Nippeln und scharfkantigen Bereichen der Felge fernzuhalten. Bestens bewährt haben sich eingeklebte Textilgewebebänder. Kunststoff-Endlosbänder erfüllen ebenfalls ihre Funktion, allerdings nur, wenn sie in der Breite exakt zum Felgenboden passen. Gummi-Felgenbänder oder Isolierband sind bei Rennradreifen fehl am Platz!

Besonders die Seitenwände eines Rennradreifens sind empfindlich – bei der Montage ist Sorgfalt angebracht!

Um unterwegs keine Überraschung zu erleben, ist es in doppelter Hinsicht empfehlenswert, die Reifendemontage und das Wechseln eines Schlauches zu Hause zu üben, auch wenn die Reifen in Ordnung sind. Dabei können Sie auch gleich den Felgenboden auf scharfkantige

Montierhebel aus Kunststoff schonen Reifen, Schlauch und Felge.

Stellen und das Felgenband auf passenden Sitz kontrollieren. Zwei wichtige Details, die von Herstellern leider oft übersehen werden.

SCHLAUCHREIFEN

Bei diesem Reifentyp, der jahrzehntelang Stand der Technik am Rennrad war, ist der Innenschlauch vollständig vom Gummi-Gewebe des Reifens, der sogenannten Karkasse, umhüllt. Die Karkasse wird auf der Innenseite des Reifenringes zusammengenäht, und auf diese Naht ein schützendes Stoffband geklebt. Der Reifen wird in eine flache Felge gelegt und festgeklebt, damit er sich beim Bremsen nicht verschiebt und in Kurven nicht aus diesem Felgenbett springt.

Diese Konstruktion macht schnelle Reifenwechsel unmöglich. Samstags den Reifen aufs Laufrad kleben und am Sonntag damit einen Wettkampf bestreiten – das kann man mit Schlauchreifen vergessen. Soll der Reifen dauerhaft halten, muss man sich Zeit für die sorgfältige Montage nehmen – das kann sich über eine ganze Woche hinziehen.

Der Reifen wird entweder mit Klebebändern oder flüssigem Reifenkleber in der Felge befestigt. Mit Bändern geht die Montage schneller, allerdings bleibt das Band bei einer Panne oft am demontierten Reifen kleben, und der Reservereifen sitzt nicht mehr sicher.

Besser haften Schlauchreifen auf einem soliden Bett aus flüssigem Reifenkleber, das in der Regel beim Reifenwechsel auch an der Felge haften bleibt. Doch auch in diesem Fall sollte man den Reservereifen nach der Pannen-Fahrt nochmal abziehen und eine frische Schicht Klebstoff auftragen.

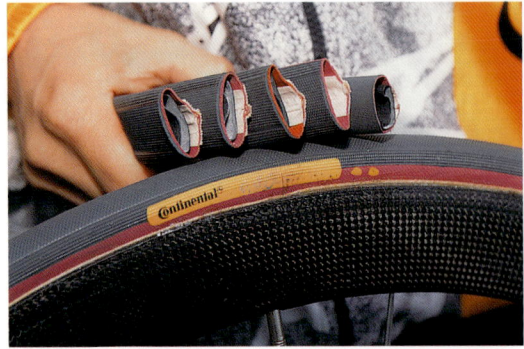

Schlauchreifen sind rundherum geschlossen, der Schlauch liegt unzugänglich im Inneren.

Kevlar statt Draht im Reifenfuß macht diesen Reifen leicht, zusätzliches Gewebe unter der Lauffläche pannensicher.

REIFEN- UND SCHLAUCH-WECHSEL

So wird's gemacht

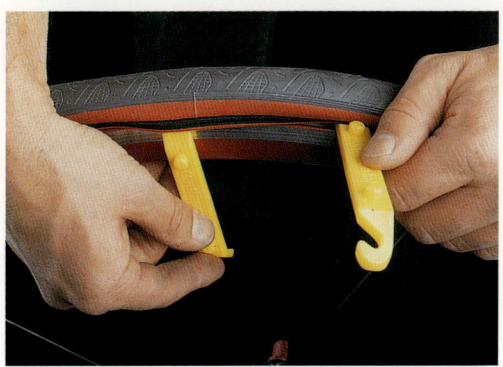

1 Schrauben Sie die Ventilkappe ab und öffnen Sie die gerändelte Mutter oben am Ventil. Drücken Sie diese in den Ventilkörper, bis die Luft vollständig aus dem Reifen entwichen ist. Drücken Sie beide Flanken der Reifendecke über den gesamten Radumfang zusammen, damit der Reifenfuß in der tiefsten Stelle des Felgenbetts liegt.

Verwenden Sie zur Demontage keine Schraubendreherklinge, Schlüssel oder ähnliche Hilfsmittel, sondern ausschließlich Kunststoff-Reifenheber, sonst schädigen Sie den Schlauch oder die Felge. Arbeiten Sie auf der Zahnkranz-Gegenseite, so vermeiden Sie Verletzungen, falls Sie abrutschen. Schieben Sie einen Reifenmontierhebel gegenüber des Ventils unter den Reifenfuß. Achten Sie darauf, dass stets die stumpfe Seite des Hebels zum Schlauch hinzeigt. Hebeln Sie die Flanke über die Bremsfläche, bevor Sie den zweiten Hebel rund zehn Zentimeter entfernt ansetzen.

2 Hebeln Sie auch hier die Flanke über die Bremsfläche. Halten Sie den ersten Hebel weiter fest und setzen Sie den zweiten Hebel zwanzig Zentimeter weiter erneut an. In der Regel lässt sich danach der zweite Hebel über den gesamten Umfang unter der Reifenflanke durchziehen, während der erste Hebel weiter festgehalten wird.

3 Belassen Sie zur Defektsuche das Ventil im Ventiloch der Felge und ziehen Sie den Schlauch zur Seite heraus. So finden Sie später die defekte Stelle auch in der Reifendecke leicht wieder. Pumpen Sie den Schlauch so weit auf, bis er sich deutlich gedehnt hat. Das Loch lässt sich dann einfach an der entweichenden Luft ermitteln.

Reifen

4 Liegt das Loch auf der zur Felge gerichteten Seite, war ein schlechtes Felgenband, ein Grat an der Felge oder ein von der Fertigung in der Felge verbliebener Span die Ursache. Befindet sich ein Loch außen, hat ein scharfkantiger Gegenstand den Reifen durchstochen. Liegen zwei längliche Löcher wie im Bild oben seitlich am Schlauch, handelt es sich um einen Durchschlag.

5 Haben Sie den Defekt im Schlauch geortet, untersuchen Sie auch den entsprechenden Bereich des Reifens. Entfernen Sie gegebenenfalls in der Reifendecke steckende Fremdkörper oder kontrollieren Sie, ob die Reifenflanke nach einem Durchschlag unbeschädigt geblieben ist.
Kontrollieren Sie das Felgenband über den gesamten Umfang der Felge. Sitzt das Band gleichmäßig auf dem Felgenboden und ist das Band breit genug, damit es alle Löcher bedeckt? Prüfen sich auch, ob sich das Band seitlich verschieben lässt und ob es dann immer noch genug Schutz bietet.

Pumpen Sie den neuen Schlauch nur soweit an, bis er seine runde Form annimmt. Vergewissern Sie sich, dass sich im Inneren der Reifendecke keine Fremdkörper befinden. Setzen Sie die Felge ab jetzt nicht mehr auf die Erde, sondern auf Ihren Schuhen ab. So vermeiden Sie, dass Schmutz in den Reifen gelangt. Stecken Sie das Ventil in das Ventilloch der Felge. Schieben Sie den Schlauch vom Ventil ausgehend auf beiden Seiten gleichmäßig in die Reifendecke. Der Schlauch darf dabei nicht gedehnt, gestaucht oder gefaltet werden.

6

 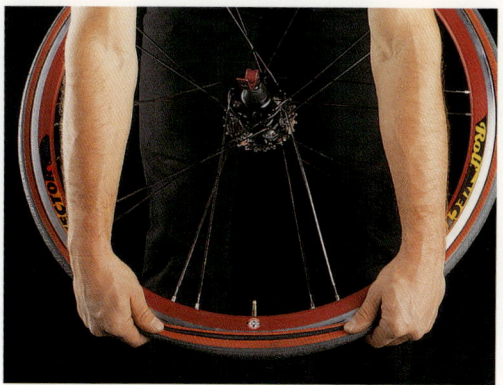

7 Liegt der Schlauch sauber im Reifen, drücken Sie die Reifenseitenwand mit den Daumen über die Bremsfläche der Felge. Beginnen Sie an der dem Ventil gegenüber liegenden Seite und arbeiten Sie sich gleichmäßig nach beiden Seiten voran. Schieben Sie regelmäßig mit dem Finger den Schlauch in den Reifen hinein, damit er nicht zerquetscht wird.

8 Stellen Sie die Felge auf den Fußspitzen ab und ziehen Sie den Reifen mit beiden Händen nach unten zum Ventil hin, wenn noch etwa 10 bis 15 Zentimeter zu bewältigen sind. Halten Sie den Reifen in dieser Stellung an der Felge fest und heben Sie das Rad hoch, damit Sie es in der Hüftbeuge abstützen können. Drücken Sie die Reifenflanke nun vollständig in das Reifenbett hinein.

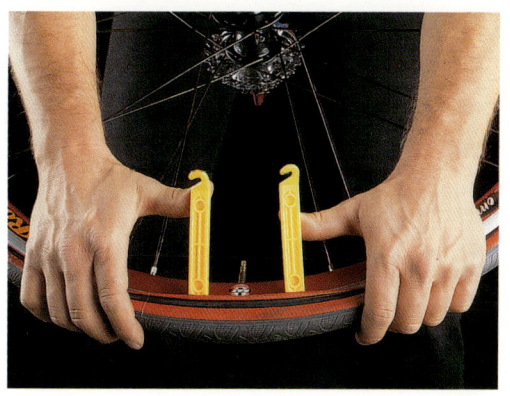

9

Gelingt dies nicht von Hand, nehmen Sie zwei Reifenmontierhebel und schieben Sie zuerst den Schlauch sicherheitshalber nochmals ins Innere. Setzen Sie beide Montierhebel so an, dass die abgerundete Seite zum Schlauch hinzeigt. Hebeln Sie den Reifen mit beiden Montagehilfen gleichzeitig über das Horn. Wenn Sie einen neuen Reifen montieren und den nicht in die Felge hebeln können, ist dies ein sicheres Indiz dafür, dass der Reifen für die Felge zu klein gefertigt wurde. Weichen Sie auf ein anderes Produkt aus.

10 Schieben Sie vor dem Aufpumpen das Ventil kurzzeitig zurück in den Reifen hinein. Dadurch wird der Schlauch unter dem Reifenfuß hervorgeholt, falls Sie ihn bei der Montage eingeklemmt haben. Das Ventil muss in vertikaler Richtung frei beweglich sein.

11 Pumpen Sie den Schlauch so weit auf, dass sich der Reifen noch seitlich hin und her walken lässt. Drücken Sie den Reifen über den gesamten Umfang von links nach rechts und schauen Sie dabei, dass Sie den Schlauch an keiner Stelle zwischen dem Fuß des Reifens und der Felge eingeklemmt haben.

Pumpen Sie abschließend den Reifen auf. Den maximal zulässigen Druck vermerken die Hersteller entweder auf dem Typenetikett oder auf dem Gummi der Reifenseitenfläche. Halten Sie abschließend das Laufrad am Schnellspanner fest und versetzen Sie es in langsame Drehbewegung. Betrachten Sie dabei den Kontrollring, der sich auf der Reifenflanke in der Nähe der Oberkante der Bremsfläche befindet. Dieser Ring muss beidseitig über den gesamten Umfang einen gleichmäßigen Abstand zur Felgenoberkante aufweisen. Ist dies nicht der Fall, muss die Luft nochmals abgelassen und kontrolliert werden, ob der Schlauch an einer Stelle eingeklemmt ist. Achten Sie bei der Montage des Rades darauf, dass Sie den Schnellspanner fest schließen und dass Sie die Bremse wieder spannen. Machen Sie eine Bremsprobe im Stand.

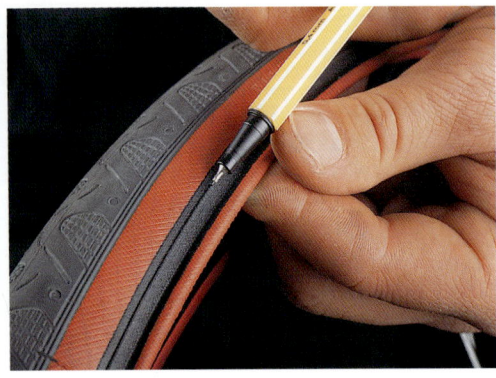

12

Reifen

REIFENWECHSEL BEI SCHLAUCHREIFEN

So wird's gemacht

1 Entfernen Sie die Schutzkappe vom Ventil. Falls Sie eine Felge mit hohem Profil fahren, montieren Sie eine Verlängerung auf das geöffnete Ventil. Pumpen Sie dann den Reifen gerade so weit auf, bis er seine runde Form annimmt, und stecken Sie das Ventil in das Loch der Felge. Drücken Sie den Reifen, angefangen beim Ventil, beidseitig gleichmäßig in das Reifenbett, wie dies ab Bild 8 beschrieben wird. Lässt sich der Schlauchreifen nicht oder nur mit viel Kraftaufwand komplett auf die Felge schieben, ist später eine saubere Montage nicht gewährleistet. Dann sollte der Reifen gedehnt werden. Stellen Sie dazu einen Fuß ins Innere des Reifens und ziehen Sie die gegenüberliegende Seite mit beiden Händen kräftig nach oben. Wiederholen Sie dies mehrmals rings herum. Prüfen Sie anschließend erneut, ob sich der Reifen gut montieren lässt.

2 Versetzen Sie das Rad mit aufgezogenem Schlauchreifen in Drehbewegung und prüfen Sie, ob der Reifen rund läuft. Oft ist die Stelle verdickt, an der das Ventil aus dem Reifen tritt. So entsteht ein Höhenschlag, der das Rad während der Fahrt holpern lässt. Abhilfe schaffen Sie, wenn Sie das Ventilloch entgraten beziehungsweise ansenken. Bei Aluminium-Felgen verwenden Sie dazu einen großen Bohrer, einen Dreikantschaber oder eine Rundfeile. Bei Carbonfelgen entgraten Sie den Lochrand vorsichtig mit einer Rundfeile. Führen Sie die Feile nur von außen nach innen und nicht zurück, sonst lösen sich eventuell die Fasern aus der Kunststoffmatrix. Versiegeln Sie die Stelle danach mit Sekundenkleber. Der Ventilbereich schmiegt sich nach dieser Vorbehandlung besser an die Felge. Wenn es die Zeit erlaubt, können Sie den Reifen auf der Felge im aufgepumpten Zustand einige Tage ablagern. Das erleichtert später die Montage zusätzlich.

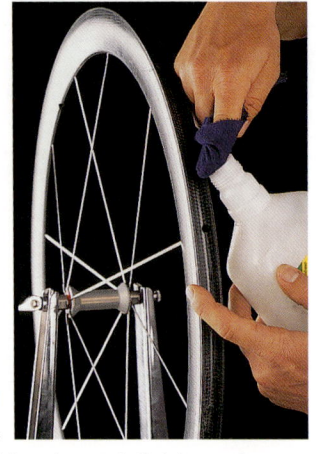

3

Reinigen Sie das Felgenbett mit Spiritus oder Reinigungsbenzin – das entfernt auch mögliche Reste an Fett oder Öl. Das Lösungsmittel sollte vollständig verdampft sein, bevor Sie beginnen, den Reifen aufzukleben. Am einfachsten lässt sich der Kleber auftragen, wenn das Laufrad in einen Zentrierständer oder in einer alten Gabel in den Schraubstock gespannt wird.

4

Wenn Sie doppelseitiges Klebeband verwenden, beginnen Sie mit dem Aufkleben knapp neben der Ventilbohrung. Halten Sie das Band straff und drehen Sie die Felge immer ein Stück weiter, um das Band faltenfrei genau in die Mitte zu kleben. Drücken Sie das Band fest auf die Felge, indem Sie zum Beispiel mit einem Hammerstiel über die Schutzfolie des Bandes reiben.

5

Ziehen Sie die obere Schutzfolie vom Klebeband ab – bis auf ein kleines Stück von fünf bis zehn Zentimetern Länge auf der Seite gegenüber dem Ventil. Dort haben Sie später einen Ansatzpunkt, wenn Sie den Reifen wieder abziehen wollen. Bevor Sie den Reifen, wie ab Bild 8 beschrieben, aufziehen, sollten Sie das Klebeband mit Wasser benetzen, sonst können Sie den Reifen kaum mehr ausrichten.

6

Flüssigen Reifenkitt müssen Sie in mehreren Lagen auf der Felge verstreichen. Verteilen Sie den Kitt gleichmäßig und dünn über nahezu den gesamten Umfang. Auch hier sollten Sie gegenüber dem Ventil fünf bis zehn Zentimeter freilassen. Lassen Sie den Reifenkitt zumindest so lange antrocknen, bis er sich nicht mehr klebrig-feucht anfühlt. Das kann mehrere Stunden dauern. Bringen Sie erst danach zwei weitere dünne Schichten Kleber auf. Lassen Sie die Felge zumindest über Nacht ablüften.

Reifen

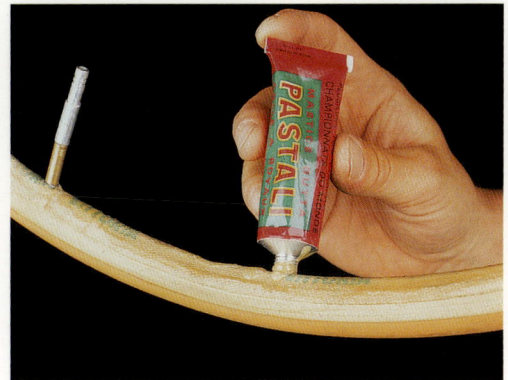

7 Bevor Sie den Reifen montieren, streichen Sie auch das Nahtschutzband des Schlauchreifens mit Klebstoff ein. Vervollständigen Sie dann das Klebstoffbett in der Felge mit einer letzten Schicht Kitt.

8 Ist diese letzte Lage Klebstoff kurz angetrocknet – beziehungsweise nachdem Sie das Band faltenfrei aufgeklebt und nass gemacht haben –, stellen Sie die Felge mit dem Ventilloch nach oben auf den Boden. Stecken Sie das Ventil des leicht aufgepumpten Reifens ins Ventilloch der Felge und drücken Sie es fest an. Achten Sie darauf, dass die Reifenflanken noch nicht mit dem Kittbett in Kontakt kommen, sonst sieht der Reifen sofort schmuddelig aus. Der fehlende Kitt gegenüber dem Ventil hat auch den Vorteil, dass der Boden nicht verklebt, wenn man die Felge jetzt abstellt.

9 Umfassen Sie den Reifen mit den Händen gleichmäßig links und rechts des Ventils, ziehen Sie ihn sehr kräftig nach unten und heben Sie ihn Stück für Stück in das Felgenbett. Fahren Sie gleichmäßig fort, bis noch etwa 20 Zentimeter übrig bleiben.

TIPPS & TRICKS

● *Wenn Sie einen neuen Reifen auf ein vorhandenes Kittbett kleben wollen, rauen Sie die alte Kittunterlage mit einem Stück grobem Schmirgelpapier an. Tragen Sie dann eine neue Lage Kitt auf und lassen Sie die ausreichend lange ablüften.*
Den Reifen bereiten Sie wie bei der Erstmontage vor.

10 Ziehen Sie den Reifen – abermals am Ventil beginnend – nach unten, bis Sie mit den Händen am letzten Stück angelangt sind. Halten Sie den Reifen unter Spannung, indem Sie die Finger an der Felge und die Daumen am Reifen abstützen. Setzen Sie das Laufrad an der Hüfte ab. Drücken Sie den Reifen mit beiden Daumen über den Felgenrand.

11 Nachdem der Reifen im Bett sitzt, muss er zentriert werden, da er selten sofort rund läuft. Spannen Sie das Laufrad dazu wieder in den Montageständer und drehen Sie es. Sitzt die Laufläche nicht mittig oder taumelt der Reifen seitlich, dann heben Sie die betreffende Stelle hoch und lassen Sie sie leicht verdreht wieder los.

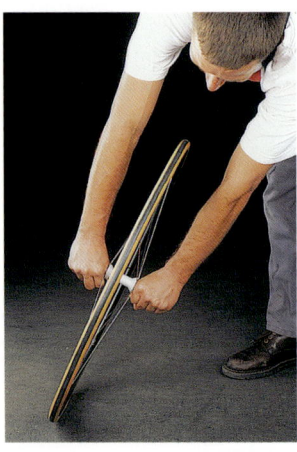

12 Läuft der Reifen ohne Seitenschlag, nehmen Sie das Laufrad aus der Halterung und pumpen Sie den Reifen bis etwa zur Hälfte des Nenndruckes auf. Belasten Sie das Rad über die Achsstummel und die Schnellspanner und schieben Sie es mehrere Meter über den Boden. Rollen Sie das Rad dabei einige Umdrehungen gerade und einige nach beiden Seiten hin geneigt. Wenn der Reifen dann rund läuft, pumpen Sie ihn mit maximalem Druck auf und warten mindestens acht Stunden, bevor Sie das erste Mal fahren.

13 Zur Demontage des Reifens drücken Sie den Reifen auf der dem Ventil gegenüber liegenden Stelle zur Seite, bis sich ein Spalt bildet und sich der Reifen löst. Geht es nicht von Hand, so schieben Sie einen Montierhebel in den Spalt, mit dem Sie den Reifen herunterhebeln.

Reifen

DICHTKUNST

Nichts leichter, als einen kaputten Reifen flicken? Von wegen:
Die Schwierigkeit steckt im Detail. Hier steht, wie Sie's richtig machen –
und wie Sie einer Panne vorbeugen.

Lokalisieren Sie das Loch und untersuchen Sie den Defekt, bevor Sie den Pneu reparieren: Entfernen Sie Fremdkörper in der Reifendecke, sonst tritt der Schaden nach wenigen Metern wieder auf.

Die Reifenreparatur mit Flicken und Gummilösung wird gelegentlich als »Vulkanisation« bezeichnet. Dies ist jedoch nicht richtig, da hierfür Hitze und Schwefel erforderlich wären. Der gelöste Gummi aus der Tube verbindet Flicken und Schlauch lediglich durch Haftung.

Beim Kauf des Flickzeugs müssen Sie darauf achten, dass Sie die zum Schlauch passende Flickengröße erhalten. Speziell für Rennmaschinen gibt es kleine und sehr dünne Flicken, die kaum auftragen, damit der Reifen nicht holpert.

Grundsätzlich ist Sauberkeit beim Pannendienst wichtig. Einige Schläuche oder Reifen werden vom Hersteller mit Talkum oder Silikon behandelt. Diese Gleit- oder Glanzmittel können haltbare Klebungen verhindern. Reinigen Sie deshalb stark glänzende Schläuche mit Alkohol und rauen Sie die betreffende Stelle gründlich auf.

Ungeduld ist beim Kleben nicht angebracht: Der Klebstoff braucht Zeit, um abzulüften. Unbegrenzt haltbar ist das Flickzeug nicht: Der Klebstoff trocknet aus, die Flicken werden spröde. Wechseln Sie das Pannen-Set daher im Jahresturnus aus.

Flicken gibt es in unterschiedlichen Größen und in verschiedenen Stärken.

SCHLAUCHREPARATUR

So wird's gemacht

1 Dieser Flicken ist zu groß. Er müsste um den Schlauch herumgeklebt werden. Für Rennradschläuche eignen sich nur die kleinsten Flicken.

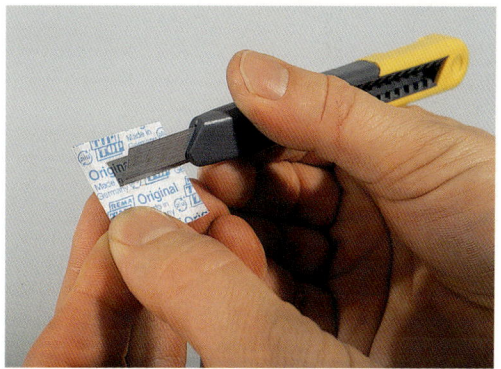

2 Ritzen Sie bei älteren Flicken die Trägerfolie aus Aluminium ein und erwärmen Sie den Flicken mit der Hand. Dann lässt sich die Alu-Folie leichter abziehen.

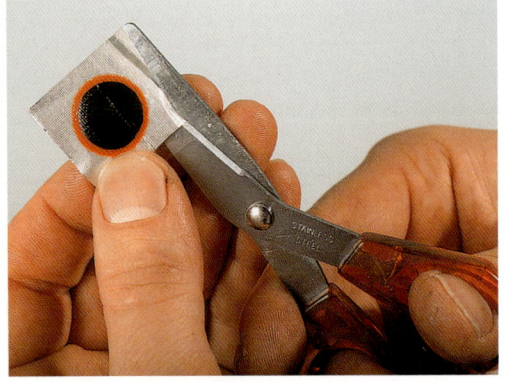

3 Schneiden Sie die Trägerfolien quadratisch zu, damit diese später beim Aufkleben besser ausgerichtet werden können.

4 Richten Sie den Flicken auf dem Loch aus, und zeichnen Sie die Kanten der Trägerfolie an.

5 Rauen Sie den Klebebereich gründlich auf. Fassen Sie die Stelle nicht mehr an, und achten Sie auch sonst auf Sauberkeit.

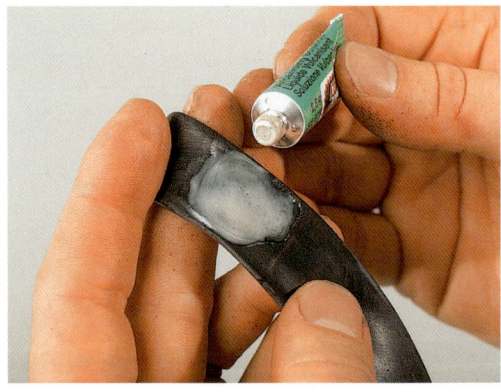

6 Verteilen Sie den Klebstoff mit der Tube gleichmäßig.

7 Nach einer Ablüftzeit von mindestens fünf Minuten schimmert der Klebstoff seidenmatt. Wenn er so weit abgetrocknet ist, kann der Flicken aufgeklebt werden.

Reifen

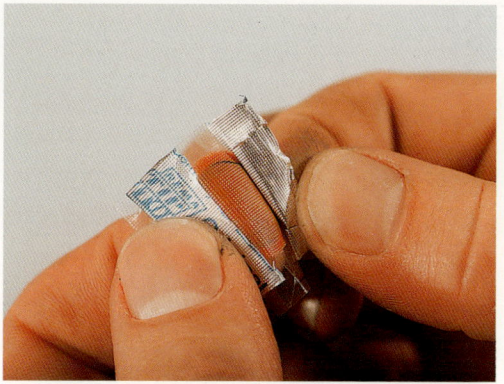

8 Bei älteren Flicken wie im Bild trennen Sie die aufgeritzte Alu-Folie vom Flicken; neue Flicken trennen Sie nach Bedienungsanleitung mitsamt der durchsichtigen Trägerfolie von der Aluminiumfolie ab.

9 Richten Sie den Flicken anhand der Markierungen und der Trägerfolie aus. Drücken Sie den Flicken mit großer Kraft auf den Schlauch. Unterwegs eignet sich eine Pumpe als Unterlage, zuhause legt man den Schlauch auf einen Tisch und rollt einen runden Körper über den Flicken. Üben Sie den Druck von der Flickenmitte ausgehend nach außen hin aus. Die Höhe des Anpressdrucks entscheidet über die Qualität der Klebung.

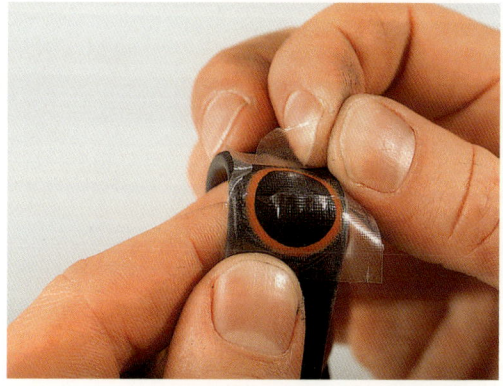

10 Zum Schluss wird der Flicken geknickt, sodass die Perforation der klaren Folie aufreißt. Wenn die Folie von der Mitte des Flickens her abgelöst wird, besteht kaum Gefahr, dass die Ränder des Flickens wieder vom Schlauch getrennt werden. Die Folie muss entfernt werden, damit sich die Lösungsstoffe verflüchtigen können. Achten Sie darauf, dass der zusammengedrückte Schlauch innen nicht zusammenklebt, und lassen Sie den Klebstoff am besten über Nacht trocknen. Pumpen Sie den Schlauch nach dem Trocknen auf, und kontrollieren Sie die Luftdichtigkeit.

TIPPS & TRICKS

● *Luftverlust hat oft eine banale Ursache: Das Ventil ist möglicherweise nicht fest im Ventilstutzen oder im Schlauch verschraubt!*

● *Prüfen Sie Reifenkleber im Pannen-Set und in der Werkstatt zu Hause regelmäßig. Nach einem bis zwei Jahren kann auch eine verschlossene Tube eingetrocknet sein!*

SCHALTZENTRALE

Moderne Schaltungen bieten viele Gänge, doch sie reagieren sensibel, wenn sie nicht korrekt eingestellt sind. Hier geht's um die richtige Justage des Rennradgetriebes.

Im Fachgeschäft und bei der Probefahrt begeistern moderne Rennräder mit perfekter Funktion und hohem Bedienkomfort. Doch nach den ersten Ausfahrten ist es mit dem geschmeidigen Wechsel der Gänge meistens vorbei: Die Kette klettert dann nur noch unwillig auf das nächste Ritzel, scheppert permanent irgendwo entlang und fällt beim Schalten möglicherweise sogar von den Kettenblättern herunter.

Grund für derartige Ärgernisse sind die Bowdenzüge: Deren Innenzüge können sich längen, die Außenhüllen setzen sich in den Aufnahmen, Zuganschläge passen sich an die Einstellschrauben an. Zum Glück lassen sich diese Handicaps binnen weniger Minuten beheben, vorausgesetzt, man ist mit der Funktionsweise der Schaltung einigermaßen vertraut. Beim Fahrradgetriebe sitzt die Rastung im Hebel, das Schaltwerk führt die Befehle, die der Zug übermittelt, lediglich aus. Wenn der Fahrer mit seiner Handkraft am Hebel zieht, holt der Schalthebel Zuglänge ein und er gibt sie wieder frei, wenn durch Tastendruck heruntergeschaltet wird. In diesem Fall sorgt nur die Feder im Schaltwerk dafür, dass die Kette aufs kleinere Ritzel befördert wird. Ist die Reibung im Zug zu hoch, gelingt der Gangwechsel zu den kleineren Ritzeln nur noch schleppend oder gar nicht mehr. Mit der Spannung des Zuges wird die Position des Schaltwerks zu den Ritzeln festgelegt, eingestellt wird dies mit einer einzigen Stellschraube.

Am Schaltwerk befinden sich drei weitere Einstellschrauben, die sich im üblichen Fahrbetrieb nicht verstellen. Zwei davon dienen dazu, den Schwenkbereich des Schaltwerkes nach innen und nach außen zu begrenzen. Damit wird sichergestellt, dass die Kette nicht zwischen Zahnkranz und Rahmen fällt, oder das Schaltwerk in die Speichen gerät. In beiden möglichen Fällen sind Schäden am Rad programmiert, sogar ein Sturz durch eine plötzliche Blockade des Laufrades ist möglich. Kontrollieren Sie diese Schrauben unbedingt, wenn das Rad umgekippt ist, wenn Sie gestürzt sind, oder wenn Sie ein anderes Hinterrad einbauen.

Damit Sie die Schaltung einstellen können, benötigen Sie entweder einen Helfer, der das Hinterrad vom Boden hebt, oder einen Montageständer, in den Sie das Rad einhängen, damit Sie den Antrieb bewegen können.

Sollten die im Folgenden beschriebenen Einstellarbeiten nicht zu sauberer Funktion der Schaltung führen, kontrollieren Sie, ob die Außenzüge geknickt oder zu lang sind, so dass Sie in ausschweifenden Bögen verlaufen. Beides bewirkt nämlich eine höhere Reibung das Zuges in der Hülle und erschwert damit den Schaltvorgang. Schaltzüge, die auf ungeschütztem Lack gleiten, zum Beispiel um das Tretlager herum, laufen ebenfalls nicht reibungslos. Mit der Zeit graben sie sich durch den Lack durch, dann reibt Metall auf Metall, die Schaltpräzision ist endgültig dahin.

Kontrollieren Sie die Funktion der Schaltung nach dem Einstellen immer zuerst im Stand, indem Sie alle möglichen Gänge bei verschiedenen Geschwindigkeiten durchschalten. Zum Abschluss ist eine Probefahrt auf verkehrsarmem Terrain empfehlenswert, denn manche Schwächen offenbaren sich erst unter Belastung, wenn sich beispielsweise der Rahmen etwas verwindet.

Können Sie trotz aller Maßnahmen den Störfaktor nicht ausfindig machen, bleibt noch der Gang zum Händler. Denn es gibt noch etliche weitere Gründe, weshalb die Schaltung nicht richtig funktionieren könnte. So kann die Kette zu kurz oder zu lang sein, oder der Abstand des Schaltwerks zum Ritzel könnte nicht passen. Vielleicht ist auch das Schaltauge verbogen, die Innenlagerwelle zu lang oder der Rahmen nach dem Schweißen nicht präzise gerichtet.

SCHALTUNG EINSTELLEN

So wird's gemacht

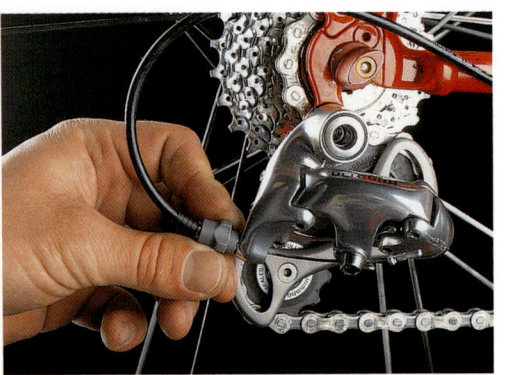

1 Wenn die Kette nur noch unwillig hochklettert, ist die Seilspannung zu gering. Hängen Sie das Rad in den Montageständer und schalten Sie hinten auf das kleinste Ritzel, so dass der Schaltzug ganz entspannt ist. Prüfen Sie die Spannung des Schaltzuges. Er darf keinesfalls schlaff herunterhängen sondern sollte straff gespannt sein. Drehen Sie die Justageschraube, durch die der Zug durchläuft, in viertel oder halben Umdrehungen entgegen des Uhrzeigersinns heraus. Die Außenhülle des Zuges wird vom Schaltwerk wegbewegt, der Innenzug gewinnt an Spannung. Drehen Sie die Kurbel und schalten Sie einen Gang hoch. Klettert die Kette nicht sofort

hoch, entspannen Sie den Schalthebel wieder und spannen Sie den Zug erneut eine halbe Umdrehung. Prüfen Sie wieder, ob die Kette willig aufs nächste Ritzel klettert. Wechselt die Kette geschmeidig auf das nächstgrößere Ritzel, prüfen Sie, ob die Kette wieder nach unten wandert, wenn Sie am Schalthebel herabschalten. Wechseln Sie auch jetzt stets zwischen Nachspannen und Kontrolle ab, sonst verpassen Sie den günstigsten Spannungszustand. Klappt der Schaltvorgang, schalten Sie alle Ritzel durch, um auch die anderen Gänge zu überprüfen.

2 Die Grundeinstellung geschieht immer am Schaltwerk selbst. Geübte Schrauber können kleinere Korrekturen der Seilzugspannung auch während der Fahrt durchführen: an der Einstellschraube am Unterrohr oder, wie bei manchen Modellen, direkt am Schalt-Bremsgriff. Auch hier dreht man die Schraube gegen den Uhrzeigersinn.

und wieder runter, um auch zu testen, ob das Schaltwerk die Kette nach außen über das Ritzel hinaus befördert. Ist dies der Fall oder laufen die Röllchen zu weit außen, reduzieren Sie den Weg mit den Begrenzungsschrauben.

3 Manchmal leidet die Schaltung auch, wenn das Rad umgekippt ist oder Sie ein neues Hinterrad eingesetzt haben. Dann kann es passieren, dass sich der Bereich verschiebt, in dem sich das Schaltwerk hin und her bewegt (Endanschläge). Der richtige Sitz der Anschläge ist wichtig, damit das Schaltwerk nicht in die Speichen oder die Kette zwischen Zahnkranz und Rahmen gerät. Stimmen die Endanschläge nicht mehr, kann der Grund zum Beispiel ein verbogenes Gewindeauge sein, mit dem das Schaltwerk am Rahmen befestigt ist. Das können Sie kontrollieren, indem Sie auf das kleinste Ritzel schalten und dann von hinten auf das Schaltwerk schauen. Gleich, ob es verbogen ist oder nicht – nach einem Sturz oder ähnlichem sollten Sie immer sofort die Endanschläge über die beiden Einstellschrauben am Schaltwerk wieder einstellen. Den Schwenkbereich des Schaltwerks kontrollieren Sie, indem Sie die Kurbel drehen und schauen, ob die Kettenleitrollen (der untere Teil des Schaltwerks) direkt unter dem äußersten Ritzel laufen. Schalten Sie einen Gang hoch

4 Bei vielen Schaltwerken sind die Schrauben mit »h« für »high gear« und »l« für »low gear« bezeichnet. Der hohe Gang bezeichnet die große Übersetzung, also das kleine Ritzel. Wenn Sie die Schraube im Uhrzeigersinn hineindrehen, können Sie beobachten, wie das Schaltwerk nach innen wandert. Im Gegenuhrzeigersinn wird das Schaltwerk nach außen gestellt. Sollten die Schrauben nicht bezeichnet sein, zählen Sie die Umdrehungen mit, so finden Sie die Anfangsstellung wieder, falls Sie an der falschen Schraube gedreht haben.

SCHALTUNG EINSTELLEN

So wird's gemacht

5 Schalten Sie danach gefühlvoll auf das größte Ritzel, damit nicht die Kette oder gar das gesamte Schaltwerk in die Speichen läuft. Drehen Sie langsam an der Kurbel und drücken Sie das Schaltwerk vorsichtig nach innen. Klettert die Kette über die Zahnspitzen des größten Ritzels nach innen, oder berührt der Leitrollenkäfig die Speichen, müssen Sie den Schwenkbereich analog zum äußeren Anschlag begrenzen – also die Schaube im Uhrzeigersinn hineindrehen. Schalten Sie abschließend nochmals alle Schaltschritte durch und korrigieren Sie gegebenenfalls die Zugspannung wie oben beschrieben.

6 Schaltet der Umwerfer nicht auf das größere Kettenblatt, liegt das in der Regel auch an zu geringer Zugspannung. Drehen Sie zur Korrektur an der Stellschraube links am Unterrohr (siehe auch Bild 2) gegen den Uhrzeigersinn. Bei Schaltproblemen ist sehr oft eine nicht korrekte Ausrichtung des Umwerfers die Ursache. Das äußere Leitblech sollte parallel zum großen Blatt stehen und dessen Radius in einem möglichst gleichbleibenden Abstand von zirka zwei Millimetern folgen. Wenn Sie die Höhe oder die Ausrichtung verändern, verstellen Sie in der Regel die gesamte Einstellung des Umwerfers.

Schaltung

7 | Wenn der Umwerfer die Kette nach innen abwirft oder die Kette im ersten Gang nervend am Umwerfer streift, muss der innere Endanschlag nachgeregelt werden. Schalten Sie dazu hinten auf das größte Ritzel und vorne auf das kleine Blatt. Drehen Sie an der »I«-Schraube im Uhrzeigersinn, um den Umwerfer weiter nach außen zu stellen, oder entgegengesetzt, um ihn weiter innen zu positionieren. Zählen Sie auch hier die Umdrehungen, falls Sie an der falschen Schraube drehen. Sollte sich die Schraube nicht drehen lassen, liegt dies an der Federspannung des Umwerfers. Drücken Sie den Umwerfer von Hand etwas nach außen, um die Schraube zu entlasten. Wenn der Umwerfer die Kette zu weit nach außen transportiert, regulieren Sie die äußere Anschlagschraube nach. Schalten Sie hinten auf das kleinste Ritzel und vorne auf das große Blatt. Nähern Sie das Leitblech bis knapp an die Kette heran. Der Werfer sollte gerade nicht an der Kette streifen, wenn die Kurbel gedreht wird. Oft vermeidet die Zugspannung, dass der Werfer weiter nach innen gestellt wer-

den kann. Entspannen Sie den Zug, indem Sie herunterschalten, ohne die Kurbel zu bewegen. Spannen Sie den Zug wieder mit dem Schalthebel, nachdem Sie den Umwerfer eine halbe Umdrehung nach innen gestellt haben. Auch hier müssen Sie schrittweise vorgehen und immer wieder die Kurbel drehen und dabei schalten, bis Sie die optimale Stellung erreicht haben.

TIPPS & TRICKS

● *Geben Sie gelegentlich einen Tropfen Öl auf die Gelenke von Schaltwerk und Umwerfer, um deren Leichtgängigkeit zu erhalten.*
● *Manche Hersteller sparen gerne an den optisch unscheinbaren Bowdenzügen und verwenden Produkte minderer Qualität. Wenn Sie dauerhaft Probleme bei der Schaltungsjustage haben, kann das daran liegen – Sie sollten dann den Austausch der Züge in Erwägung ziehen.*

GEGEN DAS KLAPPERN

Häufig sind Shimanos Ultegra-Hebel der Neunfach-Generation unangenehm

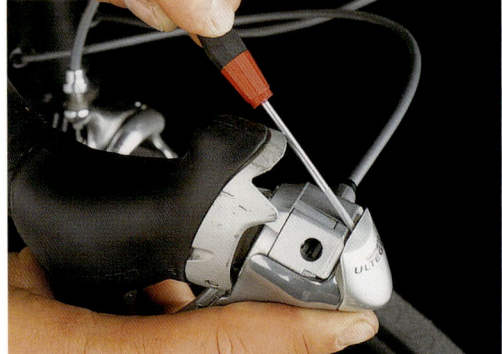

1 Ziehen Sie den Bremshebel der Neunfach-Ultegra und prüfen Sie mit der anderen Hand, ob sich die Kunststoffkappe hin und her bewegen lässt. Sitzt die Kappe locker, haben Sie die Geräuschursache vermutlich gefunden.

2 Damit Sie die Kappe abnehmen können, ohne diese oder den Hebel zu zerkratzen, ziehen Sie den Bremshebel möglichst weit an den Lenker heran. Öffnen Sie den Entspannhebel am Bremskörper für mehr Zuglänge oder bauen Sie das Laufrad aus. Schieben Sie einen feinen Schraubendreher etwa mittig, flach von oben, drei bis vier Millimeter in den Spalt zwischen Kunststoffkappe und Hebel.

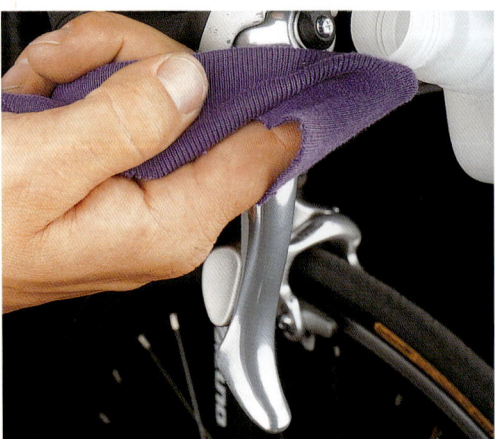

3 Hebeln Sie die Kappe mit dem Schraubendreher leicht nach oben, nicht so sehr nach vorne, sonst können die Haltenasen in der Kappe abbrechen. Wenn Sie die Nasen aus der Verankerung gelöst haben, fällt die Kappe ab.

4 Reinigen Sie die Innenseite der Kappe und die Oberfläche des schwarzen Kunststoffbügels mit einem mit Spiritus oder Reinigungsbenzin getränkten Lappen.

5

Lassen Sie das Reinigungsmittel vollständig verdampfen, bevor Sie in die obere und untere Tasche des Kunststoffbügels etwas Fett einbringen.

6

Legen Sie eine dünne Silikonraupe auf den Rücken des Kunststoffbügels und auf die korrespondierende Fläche im Inneren des Deckels. Achtung: Viel hilft nicht viel, denn überschüssiges Silikon wird auf den Hebel gedrückt und kann diesen blockieren!

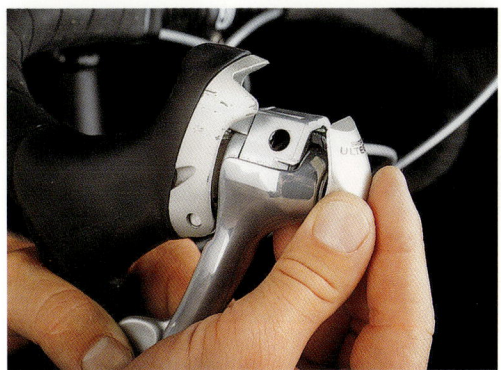

7

Setzen Sie den Deckel mit der unteren Nase an und drücken Sie ihn mit den Fingern zum Hebel, bis die obere Nase einrastet. Lassen Sie das Silikon gemäß der Zeitangabe des Herstellers aushärten, bevor Sie losfahren. Kontrollieren Sie vor der ersten Ausfahrt, ob die Schalt- und der Bremshebel voll funktionstüchtig sind und ob sie aus eigener Kraft in die Ausgangsstellung zurückgleiten.

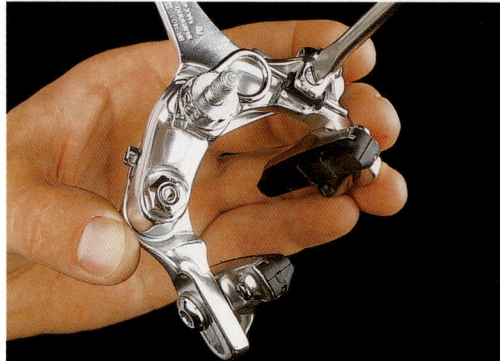

8

Klappert der gesamte Schaltbremshebel am Griffstück, liegt dies meist daran, das der Hebel nicht stark genug in die Ruhelage zurückgezogen wird. Schlechte Zugverlegung ist oft Ursache für zu geringe Rückstellkräfte. Die Bowdenzüge sollen in gleichmäßigen Radien verlaufen und nicht abgeknickt sein. Überflüssige Bögen, wie hier an einer hinteren Bremse gezeigt, erhöhen die innere Zugreibung und verringern die Rückholkräfte. Längere Zeit nicht nachgefettete oder leicht korrodierte Züge laufen ebenfalls schwergängig. Aufgedrehte oder eingerissene Innenzüge und versprödete und brüchige Außenhüllen unbedingt ersetzen!

9 Sind die Züge in gutem Zustand, müssen Sie den Bremskörper auf Leichtgängigkeit kontrollieren. Drücken Sie den Bremskörper bei ausgebautem Laufrad von Hand zusammen und beobachten Sie, ob er unter Spannung zurückschwenkt. Ist dies nicht der Fall, sollten Sie den Bremskörper reinigen und die Gelenke und Auflagen der Bremsfedern mit dünnflüssigem Öl schmieren. Lassen Sie das Öl einige Zeit einwirken, und achten Sie darauf, dass kein Schmierstoff auf die Bremsbeläge oder Felgenflanken gelangt. Bei hochwertigen Shimano-Bremsen der älteren Generation können Sie die Federvorspannung mit einer Schraube erhöhen, damit sich die Bremse mit mehr Kraft öffnet.

Bei einfacheren Bremsen halten Sie die Bremsarme gespreizt und entspannen Sie die Feder mit einem Blitz- bzw. Dunlopventil. Drehen Sie dann das asymmetrische Kunststoffteil um, sodass die Feder etwas vorgespannt wird. Achten Sie darauf, dass die Feder wieder richtig einrastet. Wenn diese Maßnahmen nicht fruchten, müssen Sie stark genutzte Bremskörper zerlegen, reinigen und neu abschmieren.

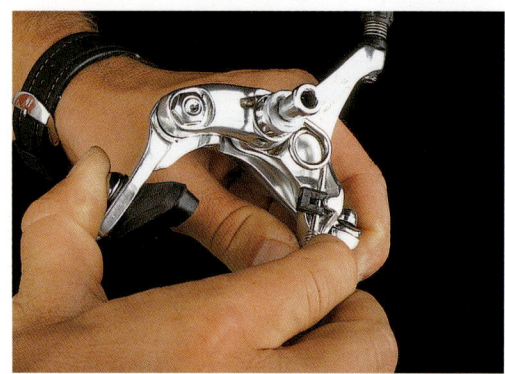

10

AUGE GERADEAUS!

Ein verbogenes Schaltungsauge oder defektes Gewinde müssen nicht das Ende eines Rahmens bedeuten. Reparaturtipps für zu Hause und unterwegs.

Das Schaltungsauge, was ist das denn? – Diese Frage stellen nicht nur Rennrad-neulinge – und entsprechend oft bleibt dieses Teil am Rad als Ursache eines Defekts un-erkannt und unberücksichtigt. Das Schaltungsauge ist jenes große Gewinde am rechten Ausfallende des Rahmens, in dem die Schaltung befestigt wird. Diese Schaltung steht relativ weit ab vom Rahmen, und wenn das Rad bei einem Sturz auf die Schaltung fällt, verbiegt durch den großen Hebel leicht das Schaltungs-auge.

Wenn's richtig krumm ist, fällt das auf; aber auch das ist noch kein Grund, den Rahmen auszurangieren. Die Repa-ratur eines verbogenen Schaltungsauges ist durchaus möglich. Ist das Gewinde-stück aber nur ganz leicht verbogen, kann das noch mehr Schäden anrichten, wenn man nicht aufpasst: Hat sich durch den Sturz der Schwenkbereich der Schaltung verändert, und der Radler kontrolliert das vor der Weiterfahrt nicht, kann das Schaltwerk die Kette vom größten Ritzel in die Speichen wer-fen oder selbst von den Speichen mitge-rissen werden. Und dann wird's richtig teuer.

Ist die Schaltwerksaufnahme stark verbogen, muss man genau untersu-chen, ob das Material unversehrt geblie-ben ist. Risse in der Oberfläche aus Lack oder Chrom müssen nicht in jedem Fall bis in das Rahmenmaterial reichen. Dennoch ist es empfehlenswert, das Schaltungsauge nach dem Richten von der Deckschicht zu befreien, gründlich zu prüfen und anschließend wieder mit Lack vor Korrosion zu schützen.

Auswechselbare Schaltungsaugen, die verschiedene Hersteller anbieten, sind im Falle eines Defekts natürlich ei-ne feine Sache – wenn man sie auf der Radtour oder im Urlaub als Ersatzteil dabei hat. Aufgrund der verhältnismäßig geringen Materialstärke lassen sie sich nämlich meistens nicht gerade biegen, sondern müssen dann auch wirklich ausgetauscht werden.

Bei Rahmen aus Aluminium tritt das Problem ausgerissener Gewinde in Schaltungsaugen häufiger auf als bei Stahlrahmen. Wird das Schaltwerk mit viel Kraft und ohne Schmierfett oft ab- und wieder angeschraubt, leidet das verhältnismäßig weiche Aluminium da-runter mehr als Stahl. Reparieren kann man einen solchen Schaden mit Gewin-deeinsätzen, wie sie zum Beispiel unter dem Markennamen »Helicoil« im Werk-zeugfachhandel erhältlich sind.

SCHALTUNGSAUGE

So wird's gemacht

1 Bei austauschbaren Schaltungs-augen können Defekte ohne großen Aufwand beseitigt werden. Das beschädigte Teil wird komplett durch ein neues ersetzt. Sprühen Sie zuerst die Verschraubung mit dünnflüssigem Schmierstoff ein und lassen Sie ihn einige Minuten einwirken. Ist das tauschbare Schaltungsauge zusammen mit dem Rahmen pulverbeschichtet worden, sollten Sie die Oberfläche mit einem Teppichmesser entlang des Tauschauges einschneiden. Sonst besteht die Gefahr, dass größere Stücke der Beschichtung abplatzen, wenn Sie das Auge abnehmen. Reinigen und wachsen Sie den Bereich vor der Neumontage. In der Regel sind die Schrauben des tauschbaren Auges nicht gekontert oder mit Sprengringen gesichert. Stärken Sie deshalb die Verschraubung mit mittelfestem Schraubenkleber.

2 Wenn das Gewinde des Schaltungsauges beschädigt wurde, versuchen Sie es nachzuschneiden. Normale 10-Millimeter-Gewindebohrer können Sie dafür allerdings nicht verwenden, denn die Gewindegänge liegen zu weit auseinander. Das Schaltungsauge ist üblicherweise ein Feingewinde mit einem Maß von M 10x1. Gut sortierte Fahrradfachgeschäfte haben solche Gewindebohrer samt Windeisen vorrätig. Schmieren Sie den Gewindebohrer und das Gewinde mit Öl, damit der Bohrer nicht stumpf wird. Setzen Sie den Bohrer senkrecht zum Ausfallende an und drehen Sie ihn in das noch übrig gebliebene Restgewinde. Während der ersten Umdrehungen muss der Bohrer leicht laufen, denn die ersten Schneiden greifen bei einem bereits bestehenden Gewinde kaum. Wenn Sie Schwierigkeiten haben, den Bohrer anzusetzen, versuchen Sie den Anfang des Gewindeganges zu treffen, indem Sie den Bohrer langsam rückwärts drehen, bis er in den Gewindegang »einrastet«. Schneiden Sie das Gewinde, bis das Ende des Gewindebohrers fast vollständig ins Ausfallende hineinläuft.

Schaltung

3

4

Wurde ein Schaltungsauge bei einem Sturz so stark verbogen, dass es vor der Weiterfahrt gerichtet werden muss, ist dies kein Problem, vorausgesetzt, Sie sind nicht allein unterwegs. Demontieren Sie das Schaltwerk mit einem Innensechskantschlüssel. Bauen Sie das Hinterrad aus dem zweiten Fahrrad aus und drehen Sie die Achse vorsichtig in das Schaltauge. Drehen Sie die Achse nach Möglichkeit fest gegen das Ausfallende. Gelingt dies mangels Werkzeug nicht, achten Sie darauf, dass die Kontermutter der Nabe zumindest ganzflächig auf dem Ausfallende aufliegt. Kontrollieren Sie, ob das Hinterrad sauber in den Ausfallenden sitzt, rund läuft und ob der Schnellspanner fest klemmt, denn das Rad dient als Bezugsebene für den Richtvorgang. Schauen Sie, wie das ins Schaltungsauge eingedrehte Laufrad zum Hinterrad und damit zur Rahmenmittellinie verläuft. Nehmen Sie einen Stock (Luftpumpe) zuhilfe, damit Sie die Abstände über den gesamten Umfang vergleichen können. Bitten Sie einen Helfer, den Rahmen festzuhalten. Packen Sie das Laufrad mit beiden Händen und biegen Sie es in Richtung der größten Verbiegung, bis es parallel zum Hinterrad im Rahmen steht.

Mit einem speziellen Richtwerkzeug geht die Reparatur wesentlich schneller und einfacher, da das Werkzeug über eine solide Aufnahme des Schaltungsauges und einen Taststift verfügt, mit dem die Distanz zum Hinterrad einfach und exakt bestimmt werden kann.

TIPPS & TRICKS

● *Ist das Schaltungsauge an Ihrem Rad austauschbar, gehört ein entsprechendes Ersatzteil ins Reifentäschchen!*
● *Vergessen Sie nicht, nach Arbeiten am Schaltungsauge die Schaltung zu überprüfen und gegebenenfalls neu einzustellen!*

STOPP-STELLE

Funktionierende Bremsen sind kein überflüssiger Luxus.

Hier lesen Sie, wie Sie die Bremse prüfen, synchronisieren, nachstellen

und verschlissene Beläge austauschen.

Wer bremst, verliert – ein ebenso beliebter wie falscher Spruch unter Radsportlern. Ohne Bremsen geht's nun mal nicht. Allerdings garantieren nur perfekt funktionierende Bremsen, dass man überhaupt ins Ziel kommt – und dass man unter den Ersten ist. Denn je effizienter eine Bremse arbeitet, desto weniger Zeit kostet das Bremsen. Also: »Wer richtig bremst, gewinnt.«

Nicht immer sind verschlissene Beläge der Grund für nachlassende Bremswirkung. Manchmal ist der Bremskörper einfach nur verschmutzt. Felgen und Beläge reinigen Sie am besten mit Lappen und Reinigungsbenzin. Anschließend entfernen Sie mit Schmirgelpapier die oberste Gummischicht auf den Belägen. Wenn sich die Bremse nur noch zögerlich öff-

net, sind die Bremsgelenke und Bowdenzüge verschmutzt. Dann muss man die ganze Bremse demontieren. Daher ist es sinnvoll, vorzubeugen und die Bremskörper gelegentlich mit Wasser und etwas Spülmittel zu reinigen. Nach dem Trocknen sorgen einige Tropfen dünnflüssiges Öl auf Gelenken und Auflagen der Federn dafür, dass sich der Bremskörper wieder geschmeidig bewegt. Ziehen Sie die Bremshebel einige Male im Stand, damit das Öl auch bis in die Lagerungen kriecht.

Schabende Geräusche beim Bremsen wiederum haben meist Einlagerungen in den Belägen als Ursache. Kleine Steine, aber auch sehr harte Bestandteile eines Bremsbelags können Aluminiumpartikel aus der Felgen-Oberfläche herausreißen, so dass sich mit der Zeit Alu-Klümpchen in den Belägen bilden. Die Folge: Die Bremsen lassen sich immer schlechter dosieren, und außerdem verschleißen die Bremsflächen schneller.

Den ganz normalen Verschleiß von Belägen bemerkt man meist daran, dass die Bremsleistung nachlässt und der Leerweg am Bremshebel länger wird. Da dies ein kontinuierlicher Prozess ist, fällt das zunächst oft nicht auf. Im Extremfall lässt sich der Hebel sogar bis zum Lenker durchziehen. Machen Sie es sich zur Gewohnheit, das regelmäßig zu prüfen.

Verschlissene Bremsbeläge müssen rechtzeitig ersetzt werden, damit der Bremsschuh die Felge nicht beschädigt. Bei hohen Felgen droht diese Gefahr vor allem durch die kleinen Flügel, die das Einsetzen des Laufrades erleichtern sollen. Austauschen sollte man Beläge auch dann, wenn Belag und Felge nicht aufeinander abgestimmt sind, was selbst bei fabrikneuen Rädern gelegentlich der Fall sein kann. Besteht der Belag zum Beispiel aus zu hartem Material und die Felge aus zu weichem, verschleißt die Felge wesentlich schneller.

Die Hersteller bieten verschiedene Belagsvarianten: So gibt es von Campagnolo und Shimano je eine Belagsmischung für blanke, schwarz oder bunt eloxierte Felgen, die eine verhältnismäßig weiche Oberfläche aufweisen. Eine zweite Sorte bringt bessere Verzögerung bei Regen, insbesondere auf hart eloxiertem Aluminium, das an der dunkelgrauen Farbe erkennbar ist. Hersteller von Nachrüst-Belägen offerieren mehrere Mischungen, darunter auch spezielle Gummis für keramikbeschichtete Felgen.

ZUM FRESSEN GERN

Vor etwa vier Jahren, zwischen 1997 und 1998, hatte der japanische Komponenten-Hersteller Shimano anlässlich der Einführung der Neunfach-Schaltgruppen Dura-Ace und Ultegra auch die Bremsen überarbeitet. Dabei verwandte Shimano neue Bremsbeläge mit besserem Nassbremsverhalten, die jedoch mit einer Reihe von Felgen nicht harmonierten. Die harten Beläge frästen sich förmlich in die weichen Alu-Flanken und zerstörten insbesondere teure Spezial-Laufräder mit Aero-Felgen.

Da nicht auszuschließen ist, dass sich immer noch Brembeläge im Handel befinden, die für erhöhten Felgenverschleiß sorgen, soll nebenstehender Kasten für Durchblick sorgen.

DIE SHIMANO-BREMSBELÄGE

Seit Einführung der neuen Dura-Ace- und Ultegra-Bremsen stellte Shimano insgesamt drei verschiedene Belagstypen mit vier verschiedenen Kennungen her. Der umstrittene Belag ist unter zwei verschiedenen Bezeichnungen möglicherweise noch in Umlauf. Die Kennzeichnung findet man nach dem Ausbau auf der Unterseite der Beläge, in der Nähe der Aussparung für die Fixierschraube und am Schriftzug auf der Rückseite des Belags in Form von Punkten oder gar keiner Markierung.
Bremsbelag für Neunfach-Gruppen (erste Produktion): Keine Punktmarkierung plus Shimano- oder Dura-Ace-Schriftzug, oder ein Punkt plus Dura-Ace-Schriftzug – starker Materialabtrag bei weichen, nicht harteloxierten Felgen. Austausch erforderlich.
Bremsbelag für Neunfach-Gruppen (aktuelle Produktion):
Ein Punkt plus Shimano-Schriftzug. Dieser Belag wird seit Ende 1997 serienmäßig verbaut, die Mischung entspricht dem des Achtfach-Dura-Ace-Belags. High-Performance-Bremsbelag: Zwei Punkte plus Dura-Ace-Schriftzug. Zum Nachrüsten für verbesserte Bremswerte vor allem bei Nässe. Bei weichen Felgen erhöhter Verschleiß. Empfehlenswert bei harteloxierten Felgen (graubraune Oberfläche).

BREMSEN-CHECK

So wird's gemacht

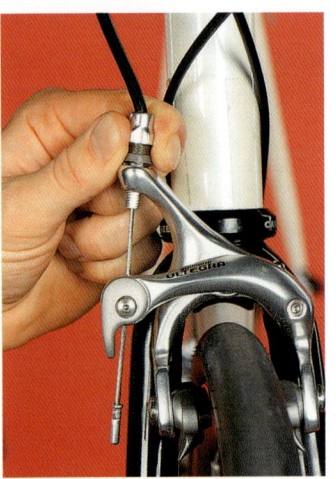

1

Ziehen Sie am Hebel und beobachten Sie, wann die Bremsbeläge die Felge berühren. Der Hebel sollte nach spätestens einem Drittel Widerstand aufgebaut haben. Kommt der so genannte »Druckpunkt« später, drehen Sie am Ring der Stellschraube, durch die der Bremszug in die Bremse läuft. Beobachten Sie, wie sich der Abstand zwischen Bremsbelägen und den Felgenflanken verändert. Größer als einen bis zwei Millimeter sollte er nicht sein, damit auch bei Vollbremsungen der Bremshebel nicht am Lenker anschlägt.

2

Die Bremsbeläge sollten auf beiden Seiten gleich weit von der Felge entfernt sein. Drehen Sie bei Shimano an der Innensechskant-Schraube oben auf dem Bremskörper und beobachten Sie, wie die Bremse synchronisiert wird. Bei Campa liegen die sehr kleinen Schrauben seitlich an den Bremskörpern.

3

Am einfachsten geht der Belagwechsel, wenn Sie die kompletten Beläge abschrauben. Sie können dann auch die Belagsträger säubern. Drehen Sie die Stellmutter der Nachspanneinrichtung zurück und entspannen Sie den Bremskörper wie beim Radausbau üblich.

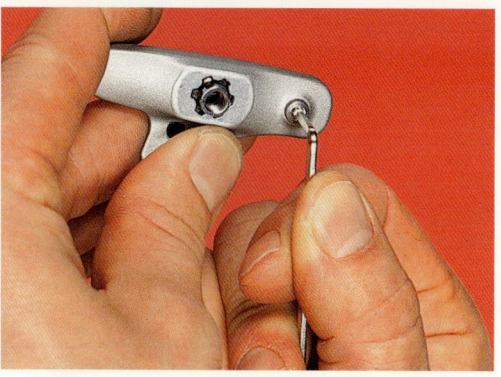

5 Schieben Sie einen identisch geformten Belag mit ausreichender Stärke in den Träger. Sichern Sie den Belag mit einer neuen, bereits mit Schraubensicherung versehenen Schraube. Sind den neuen Belägen keine Schrauben beigelegt, bringen Sie auf die bereits gebrauchte Schraube frische, flüssige Sicherungsmasse auf.

4 Lösen und entfernen Sie bei Shimano-Belägen die Innensechskantschraube auf der Trägeraußenseite. Ziehen Sie den Belag heraus und achten Sie dabei auf Kontur und Pfeilrichtung.

6 Achten Sie bei der Montage der Belagsträger an der Bremse auf deren Ausrichtung. Die geschlossene Seite zeigt nach vorne in Fahrtrichtung, die offene nach hinten. So wird der Belag beim Bremsen in den Schuh gezogen und nicht herausgedrückt. Die Krümmung des Belages ahmt die der Felge nach.

7 Ziehen Sie bei der Montage der neuen Beläge die Schrauben nur leicht an und schieben Sie die Beläge in die richtige Höhe, so dass die Felgenflanke mit ganzer Fläche getroffen wird. Der Belag darf weder zum Reifen noch zu den Speichen hin über die Bremsfläche der Felge hinausragen. Ziehen Sie dann die Schrauben bei stark gezogenem Bremshebel fest. Schließen Sie die anfangs gelöste Entspannvorrichtung und kontrollieren Sie den Abstand der Beläge zu den Felgenflanken und die Funktion der Bremse.

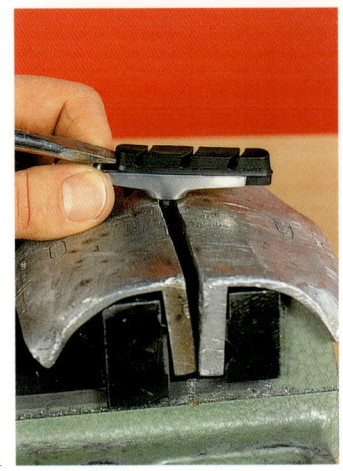

9

Beläge von Campagnolo-Bremsen sind nicht ganz so einfach zu wechseln, da sie keine Sicherungsschrauben besitzen. Stattdessen werden die Beläge durch eine sehr enge Führung gehalten. Spannen Sie den Träger des Belags mit einer eingedrehten Schraube in den Schraubstock und schieben Sie den Belag etwa einen Zentimeter nach außen.

8

Ziehen Sie nach 50 bis 100 Kilometern die Schrauben an Belägen und Bremse nochmal nach und kontrollieren Sie auch von Zeit zu Zeit die Klemmschraube des Zuges (Foto) und die Hülsenmutter zur Befestigung der Bremskörper an der Gabel und am Rahmen.

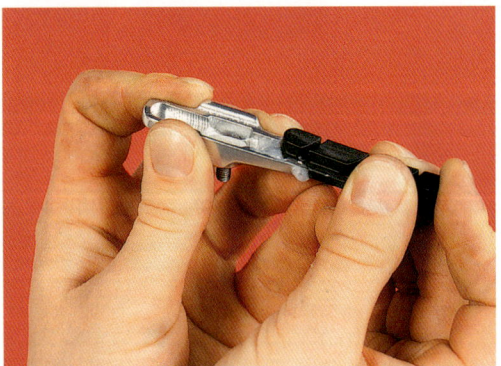

10

Packen Sie danach den Belag mit den Fingern und ziehen Sie ihn nach oben weg.

11

Schmieren Sie etwas flüssige Seife auf die Gleitflächen des metallenen Trägers und des neuen Belages und schieben Sie den Belag so weit wie möglich mit den Fingern hinein.

12 Die letzten Millimeter gelingen mit einer weit öffnenden Rohrzange oder im Schraubstock am einfachsten. Legen Sie etwas Pappe zwischen das weiche Aluminium des Belaghalters und das scharfkantige Werkzeug, um Kratzspuren zu vermeiden. Waschen Sie nach der Montage den kompletten Belag sorgfältig mit Wasser, damit die Seife vollständig entfernt und die Wirkung der Bremse nicht negativ beeinträchtigt wird.

13 Beachten Sie bei der Montage der Campa-Beläge die in der Verschraubung integrierte Winkelverstellmöglichkeit. Durch die kugelförmigen Flächen kann sich der Belag genau an die Form der Felge anpassen. Ziehen Sie den Bremshebel, so lange die Schrauben gelöst sind. Die Beläge passen sich an die Felge an, erst dann ziehen Sie die Schrauben fest.

DER TÄGLICHE BREMSEN-TEST VOR DER FAHRT

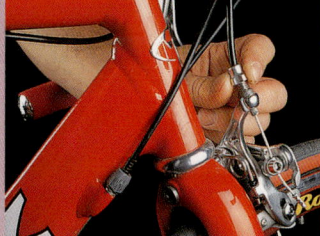

1 Machen Sie eine Bremsprobe im Stand, indem Sie beide Bremshebel mit Kraft zum Lenker ziehen. Beide Hebel müssen sich gleich weit heranziehen lassen und einen definierten Druckpunkt ausweisen. Die Hebel dürfen sich nicht bis zum Lenker durchziehen lassen!

2 Ist der Hebelweg zu groß, müssen Sie den Bremszug nachstellen. Drehen Sie gegen den Uhrzeigersinn an der Schraube, durch die der Bremszug in den Bremskörper hineinläuft. Bewegen Sie die Schraube nur in viertel oder halben Umdrehungen und kontrollieren Sie dabei die Veränderungen, wenn Sie den Bremshebel ziehen.

3 Stimmt der Hebelweg, kontrollieren Sie, ob die Bremsbeläge genau auf die Bremsflächen der Felge treffen. Zu hoch eingestellte Beläge streifen an der Reifenflanke entlang und schlitzen sie auf.

ZUGNUMMER

Im Zeitalter von Hydraulik und drahtloser Funkübertragung wirken die Bowdenzüge am Rad ein wenig antiquiert – doch bei richtiger Montage und guter Pflege sind die Befehlsvermittler präzise und langlebig.

Nachdem die Produktion hydraulischer Rennradbremsen eingestellt wurde, und solange elektrische oder hydraulische Schaltungen nicht serienreif sind, bleiben die im Grunde altertümlichen Bowdenzüge der Stand der Technik am Rennrad. Und wenn's schon nicht ohne geht, dann möchte man sie wenigstens nicht sehen.

Gerade der Einbau von optisch attraktiven, ins Rahmenrohr verlegten Zügen für Schaltung und Hinterradbremse treibt aber selbst erfahrene Mechaniker gelegentlich an den Rand des Nervenzusammenbruchs, wenn beispielsweise ein Zug im Inneren eines Carbon-Monocoque-Rahmens auf Nimmerwiedersehen verschwindet.

Züge, die bereits vom Hersteller innen verlegt sind, sollten Sie deshalb auf keinen Fall komplett aus dem Rahmen entfernen. Lassen Sie bei Reparaturarbeiten entweder die Außenhülle oder den Innenzug im Rohr. So können Sie ein Bauteil des Zugsystems nach dem anderen einfach ersetzen.

Auch bei der Zugverlegung auf dem Rahmenrohr, mit geklebten, gelöteten oder geschweißten Anschlägen, ist sauberes Handwerk erforderlich, um die bestmögliche Funktion sicherzustellen. Schon eine ausgefranste Hülle, ein unpräziser Anschlag oder eine Kante, an der ein Zug reibt, können die Präzision der Schaltung oder die Dosierbarkeit einer Bremse massiv beeinträchtigen.

BOWDENZUG-MONTAGE

leicht gemacht

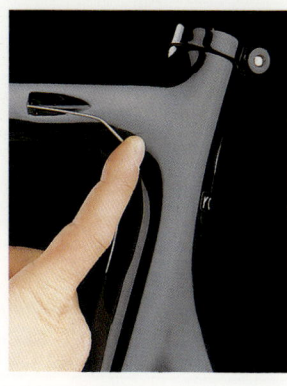

1 Versuchen Sie beim Neuaufbau des Rades gar nicht erst, die Außenhülle zuerst durch das Rahmenrohr zu schieben. Solche Versuche sind nahezu hoffnungslos, dafür ist die Hülle zu dick und zu weich. Am besten durchdringen Sie die »Tunnel« im Rahmen zunächst mit einem steifen Stahldraht anstelle des flexiblen Innenzuges. Biegen Sie dessen Spitze etwas winklig, bevor Sie den Draht einfädeln. Markieren Sie die Länge des Drahtes, die im Inneren des Rohres verschwindet, nachdem Sie dies außen am Rohr abgemessen haben. Das erleichtert die Orientierung, wie weit entfernt sich der eingeführte Zug von der Austrittsöffnung befindet. Durch Drehen sowie vorsichtiges Hin- und Herbewegen oder Verbiegen sollte der Zug dann wieder ans Tageslicht treten. Wenn der Draht aus der Öffnung lugt, können Sie die Außenhülle von der Gegenseite her in das Rahmeninnere schieben. Vergessen Sie dabei nicht, den Draht wieder gerade zu biegen, sonst gleitet die Außenhülle schlecht. Ziehen Sie den Hilfsdraht heraus und ersetzen Sie ihn durch den flexiblen Innenzug.

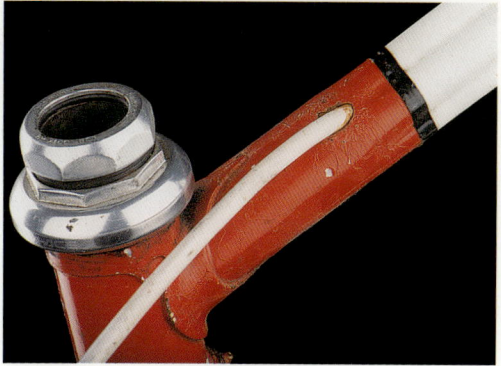

2 Bei Stahlrahmen sind gelegentlich dünne Röhrchen zur Führung des Zuges im Inneren der Rahmenrohre eingelötet. In den seltensten Fällen bestehen diese aus rostfreiem Material, sodass nach einigen Jahren die Außenhülle des Zuges darin festkorrodiert sein kann, wenn nicht schon bei der Montage mit ausreichend Wachs oder Fett gegen den Rostfraß vorgesorgt wurde. Wenn dann die Außenhülle gewechselt werden muss, weil der Zug schwer läuft, oder die außenliegenden Abschnitte der Zughülle verschlissen, eingerissen oder versprödet sind, wird's problematisch.

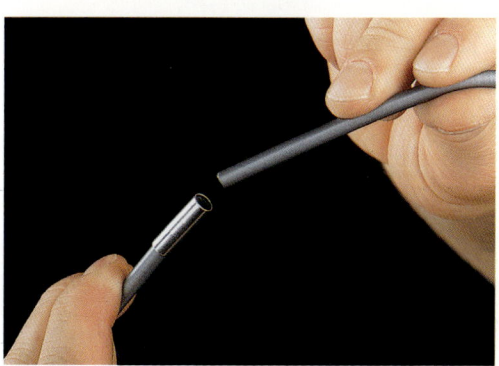

3 Wenn sich die Hülle nicht mehr komplett entfernen lässt, trennen Sie den Außenzug ein bis zwei Zentimeter nach den Öffnungen im Rohr ab. Mit neuen Außenzugstücken und Verlängerungshülsen, wie Sie beispielsweise den Shimano-Schaltbremsgriffen beiliegen, können Sie danach die festsitzende Außenhülle nach vorne und nach hinten verlängern. Prüfen Sie aber vorher, ob der Innenzug im verbliebenen Stück der Hülle leicht gleitet, sonst ist diese Reparatur zwecklos.

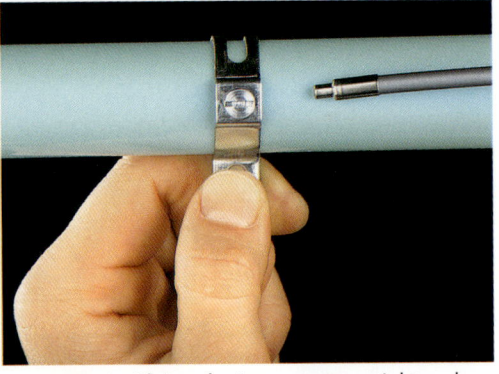

4 Gleitet der Innenzug gar nicht mehr, bleibt nur der Ausweg, den innenverlegten Zug stillzulegen und außen am Rohr entlang einen neuen zu montieren. Dazu gibt's im Fachhandel Rohrschellen mit und ohne Anschläge. Verlegen Sie damit den Zug wahlweise mit durchgehender oder unterbrochener Außenhülle. Für großvolumige Rahmenrohre gibt's meist keine passenden Schellen. Fixieren Sie dann die durchgehende Außenhülle mit Kabelbindern.

5 Wenn Bremsen sich schwammig anfühlen, oder Schaltungen sich nicht präzise einstellen lassen, sind in der Regel Mängel in der Zugverlegung der Grund. Ein häufiger Fehler: Außenzüge ohne Endhülse. Die Außenhülle des Zuges schiebt sich dann immer weiter über den Anschlag, die Schaltung verstellt sich ständig.

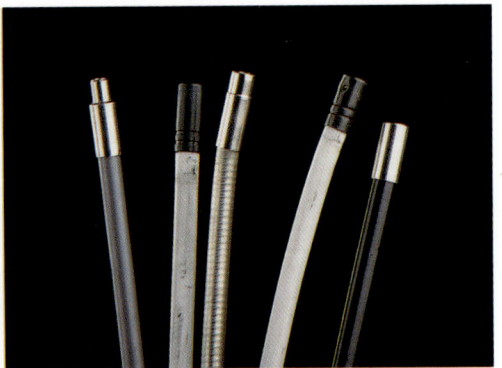

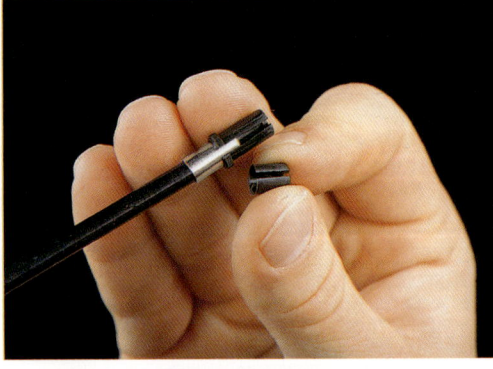

6 Verschiedene Endhülsen – gedichtet, ungedichtet und in mehreren Durchmessern. Schneiden Sie den Zug mit einem speziellen Zugabschneider sauber ab. Kontrollieren Sie die Schnittstelle und feilen Sie eventuell vorhandene scharfe Kanten glatt. Die Zugöffnung muss rund sein und freiliegen, bevor Sie die Außenhüllen in die passende Hülse und dann in die Anschlagsockel schieben.

7 Befinden sich an Ihrem Rahmen Sockel in Übergröße, sollten Sie zusätzlich geschlitzte und dadurch im Durchmesser etwas variable Hülsen über die Standardhülse schieben. Dadurch läuft der Außenzug zentrisch in den Sockel, und die Gefahr, dass der Innenzug am Sockel streift und reibt, wird stark verringert. Tipp: Etwas Fett in und vorne auf die Zughülse verhindert Geräusche und Korrosion.

Bowdenzüge

8

Innenzüge, die nach der Klemmstelle zwar abgeschnitten, aber nicht gesichert wurden, sind nach kurzer Zeit nicht nur unansehnlich, sie führen auch leicht zu Stichverletzungen beim Radputz oder bei Wartungsarbeiten. Aufgezwirbelte Zugenden vereiteln auch die Möglichkeit, die Schaltung regelmäßig zu pflegen, indem Sie den Innenzug ausbauen, reinigen und mit frischem Fett erneut montieren.

Mit einer speziellen Kappe aus Aluminium können Sie das Zugende formschön sichern. Für Schalt- und Bremszüge werden verschiedene Durchmesser angeboten. Den gleichen Zweck erfüllen Speichennippel, die Sie ebenfalls zur Fixierung etwas zusammenquetschen. Die eleganteste Lösung ist das Verlöten des Zugendes (siehe Abb. Seite 70). Insbesondere bei Nirosta-Zügen kann das allerdings kniffelig sein. Versuchen Sie's dennoch mit reichlich Lötfett und eventuell mit verschiedenen Loten. Kürzen Sie dann den verlöteten Bereich gerade so weit, dass die Drähte noch zusammenhalten. Der Zug lässt sich so leichter durch die Bögen der Außenhülle schieben.

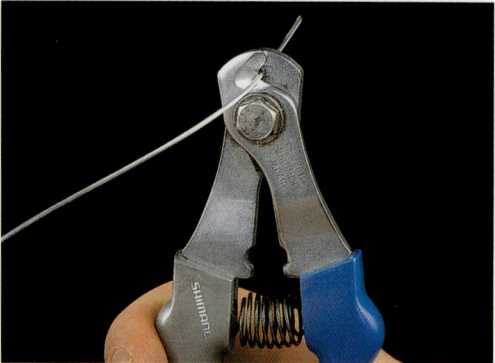

9

Überlegen Sie deshalb schon bei der Montage, wohin Sie das Ende des Zuges verlegen können, damit es am wenigsten stört. Bei Umwerfern kann der Zug oft wieder nach unten geführt und eingehakt werden, damit das Ende nicht bei jeder Kurbelumdrehung an der Wade streift. Schneiden Sie den Innenzug auch dann nicht kurz hinter der Klemmung ab, wenn der Zug danach gerade weiterläuft. Rund drei Zentimeter Überstand lassen Reserven für spätere Montagearbeiten. Verwenden Sie zum Ablängen zumindest einen scharfen Seitenschneider, besser ist jedoch ein spezieller Zugabschneider, beispielsweise von Elite, Park Tool, Shimano oder VAR.

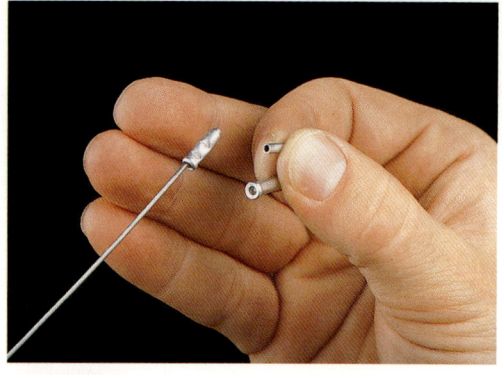

10

DREHMOMENT

Ob Schlagloch oder Sturz: Ein Seitenschlag in der Felge ist schnell passiert – und wenige Radler sind in der Lage, sich dann selbst zu helfen. Das Rüstzeug für die ambulante Radbegradigung.

Rennradlers Laufrad-Paradies lässt sich in wenigen Worten beschreiben: Leicht sollen die Räder sein, aerodynamisch, robust und schön obendrein. Ideal wäre das Laufrad aus einem Stück, wartungsfrei und immer perfekt rund. Doch allen Bemühungen der Konstrukteure zum Trotz sind aktuelle Dreispeichen- und Scheibenräder aus faserverstärkten Werkstoffen zwar optisch attraktiv, aber im alltäglichen Einsatz nach wie vor fehl am Platz.

Deshalb sind auch weiterhin Laufräder Standard, die aus den Einzelteilen Nabe, Speichen, Nippel, Felge und Felgenband aufgebaut sind. Die im Vergleich zu anderen Fahrzeugarten beinahe antiquiert anmutende Konstruktion bietet immer noch den besten Kompromiss aus geringem Gewicht, akzeptablem Bremsverhalten, gutem Rundlauf, langer Haltbarkeit und angemessenem Preis – einige Schwächen kann man dabei dann in Kauf nehmen.

Die größte Schwachstelle ist jedoch meistens der Faktor Mensch: Neben der Qualität der Einzelteile entscheidet vor allem die Arbeit des Monteurs darüber, wie gut das Laufrad ist und wie lange es hält. Nachlässig gebaute Räder können viel Ärger verursachen: Sind die Speichen nicht straff genug gespannt, verwindet sich das Rad und die Felge streift beim Wiegetritt an den Bremsbelägen; das Rad wird unrund, was sich in Form von Seitenschlägen (die Felge beult sich zur Seite aus) oder Höhenschlägen (die Felge bildet annähernd eine Ellipse) bemerkbar macht. Lose Speichen und frühzeitige Speichenbrüche sind ebenfalls häufige Defekte.

Auch ein perfekt gemachtes Speichenrad bietet keine Garantie vor Schäden. Materialmordende Schlaglöcher lauern überall, und auch Stürze enden oft mit verbogenen Laufrädern. Ist der Seitenschlag sehr groß, kann selbst eine weit gestellte Bremse nicht verhindern, dass die Felge am Bremsbelag oder an einem Teil des Rahmens schleift – die Sofortreparatur wird fällig.

Problem dabei: Nur wenige Radfahrer sind in der Lage, sich im Falle eines solchen Defektes selbst zu helfen. Am Werkzeug muss das nicht scheitern, denn kaum eine Reparatur lässt sich mit weniger und preiswerterem Werkzeug durchführen. Um ein Laufrad zu »zentrieren«, so die Bezeichnung des Vorganges, genügt ein Zentrierschlüssel, und den gibt es schon für ein paar Mark beim Radhändler.

Beste Dienste leisten leichte Kunststoffschlüssel, in die eine gehärtete Metallplatte eingelassen ist. Die Flächen des Metallplättchens umschließen den Vierkant des Speichennippels fast vollständig und mit genügend großer Fläche. Die Rille im Kunststoffgriff führt den Schlüssel, so kann er nicht verkantet werden. Weniger geeignet sind Modelle, wie sie an einigen Mini-Werkzeugen integriert sind. Deren Klingen sind meistens sehr schmal, so dass die Fläche zur Übertragung der Kräfte nicht ausreicht: Dann wird möglicherweise der Vierkant des Nippels beschädigt, und ist der erst einmal rundgedreht, geht gar nichts mehr. Der Speichennippel muss ersetzt werden – das ist dann richtig aufwändig.

Seitenschläge können einfach herauszentriert werden, wenn man sich erst einmal das Zusammenspiel der Kräfte im Laufrad klargemacht hat. Sämtliche Speichen stehen unter Spannung, sie ziehen die Felge zur Nabe hin. Da die Speichen schräg zur Felge stehen, wirken die Kräfte jedoch nicht nur senkrecht zur Nabe, sondern auch zur Seite. Wird die Spannung einer Speiche erhöht, kommt auf diesen Bereich der Felge mehr Zug, die Felge wird zur Seite und zur Nabe hin gezogen. Wenn die Felge rund läuft, also weder seitlich noch nach oben ausweicht, besteht ein Kräftegleichgewicht zwischen der Speichenspannung und der Eigenspannung der Felge.

Wer unterwegs nicht hilflos vor seinem schiefen Laufrad stehen will, sollte das Zentrieren in Ruhe zu Hause üben. In der heimischen Werkstatt geht das am besten mit einem speziellen Ständer, in den das Laufrad eingespannt wird. Spezielle Messfühler zeigen durch einen Lichtspalt am Zeiger oder durch Messuhren das Ausmaß des unrunden Laufs an. Die Preise dieser Geräte reichen von knapp 80 bis zu mehreren hundert Mark. Unterwegs freilich ist nicht Perfektion, sondern solide Handarbeit gefragt, um die Fahrt fortsetzen zu können.

SYSTEM-LAUFRÄDER

Klassische, von Hand eingespeichte Laufräder scheinen im Rennsport allerdings vom Aussterben bedroht. Die meisten Profi-Teams vertrauen mittlerweile auf System-Laufräder renommier-

Rundlauf auf den Zehntel-Millimeter genau: Solider Zentrierständer mit Messuhr.

ter Hersteller – ein Trend, der sich auch bei Hobbyradlern durchsetzt. Trotz der Modellvielfalt haben solche Laufräder meist eines gemeinsam: wenig Speichen, die dafür sehr straff gespannt sind. Diese Reduzierung der Speichenzahl hat Folgen für das ganze Laufrad. Damit die enorme Spannung nicht zu Brüchen von Speichen, Felgen oder Nabenflanschen führt, kommen steife Felgenprofile und aufwändige Aufhängungen der Speichen in den Naben zum Einsatz.

Natürlich sind auch solche Räder nicht vor Defekten gefeit – und dann verursachen sie größere Probleme als die klassischen Laufräder. Die Beseitigung eines Seitenschlages erfordert eventuell besonderes Werkzeug, das nicht alle Hersteller beim Kauf mitliefern. Die Spezialspeichen sind selten und schwer zu besorgen. Wer auf einen

Laufrad-Defekt nicht vorbereitet ist, riskiert daher längere Ausfallzeiten. Prüfen Sie deshalb schon beim Laufrad-Kauf, ob das benötigte Zentrierwerkzeug mitgeliefert wird. Wenn nicht, sollten Sie es gleich zusammen mit einigen passenden Ersatzspeichen nachbestellen. Eine lohnende Investition bei Laufrädern mit Messerspeichen ist auch ein Werkzeug, mit dem die Speichen gegen Verdrehen festgehalten werden können.

Auch wenn Sie entsprechend vorgesorgt haben: Bei Speichenbrüchen innerhalb der Garantiezeit sollten Sie zunächst nicht selbst Hand anlegen, sondern Ihren Händler aufsuchen. Dieser kann nach Rücksprache mit dem Hersteller entscheiden, ob das Rad kostenlos repariert wird. Wer zu früh selbst schraubt, riskiert, dass weitere Garantieforderungen bei gravierenden Defekten wie etwa Flanschausbrüchen abgelehnt werden.

Normale Seitenschläge und die deutlich seltener auftretenden Höhenschläge kann man leicht herauszentrieren, vorausgesetzt man hat Erfahrung im Umgang mit Laufrädern und einen soliden Zentrierständer. Etwas Geduld gehört auch dazu, um sich mit der neuen Zentriertechnik vertraut zu machen.

TIPPS & TRICKS

● *Vor allem Aluminium-Nippel neigen nach längerer Betriebszeit zur Korrosion – sie lassen sich dann nur noch mühsam drehen und die Schlüsselflächen drohen rund gedreht zu werden. Lassen Sie in solchen Fällen etwas Kriechöl einwirken.*

LAUFRÄDER ZENTRIEREN

So wird's gemacht

1 Kontrollieren Sie die Speichenspannung, indem Sie immer gleichzeitig auf beiden Seiten des Laufrades zwei Speichen mit dem Daumen und dem Zeigefinger leicht gegeneinander drücken. Beim Vorderrad sind die Speichen beider Seiten annähernd gleich stark gespannt. Beim Hinterrad stehen die Speichen der Zahnkranzseite steiler, um Platz zu schaffen für das Ritzelpaket. Damit die Felge in der Achsmitte läuft, müssen diese Speichen deutlich stärker vorgespannt werden als die der Gegenseite. Meistens bezeichnet eine auffällig lockere Speiche die Stelle, an der das Laufrad aus der Mitte läuft. Markieren Sie diese Speiche, mit Klebeband. Unterwegs tut's auch ein Tropfen Spucke am Reifen.

2 Halten Sie einen Reifenmontierhebel an die Gabel, die Hinterbaustrebe oder die Bremse, damit sich eine scharfe Sichtkante zur Bremsflanke der Felge ergibt. Lassen Sie das Laufrad langsam am Hebel vorbeilaufen und beobachten Sie den Lichtspalt. Versuchen Sie herauszufinden, wo die Mittellage der Felge verläuft und welche Bereiche der Felge davon abweichen.

Klassiker

LAUFRÄDER ZENTRIEREN

So wird's gemacht

3 Wenn Sie das Ausmaß und die Richtung des Seitenschlages geortet haben, markieren Sie dessen Anfang und Ende, dies vereinfacht den Zentriervorgang.

4 Ziehen Sie mit den Fingern leicht an einer Speiche und beobachten Sie, ob die Felge in die gewünschte Richtung ausweicht.

5 Speichen werden beim Nachzentrieren in der Regel immer angezogen, die Speichenspannung dabei erhöht. Sollten Sie Probleme mit der richtigen Drehrichtung für den Speichenschlüssel haben – die richtige Drehrichtung finden sie mit der »Rechte-Hand-Regel«: Deuten Sie mit dem Daumen in die Richtung, in die sich der Nippel bewegen soll. Die Finger der geschlossenen Hand zeigen dann die Drehrichtung des Speichenschlüssels an.

TIPPS & TRICKS

● *Zentrier-Profis drehen den Speichennippel beim Zentriervorgang ein winziges Stück weiter als notwendig und dann wieder zurück – auf diese Weise bauen sie die Spannungen in den Speichen ab, die ansonsten auf den ersten Kilometern zu Setzungsgeräuschen führen.*

6 Haben Sie bei der Überprüfung der Speichenspannung eine vollständig lose Speiche entdeckt, die sich in der Mitte des Seitenschlages befindet, wird diese erst vor dem eigentlichen Zentrieren angezogen – jedoch nur so weit, bis sie etwas Spannung annimmt. Machen Sie während des Anziehens regelmäßig die Fingerprobe mit benachbarten Speichen, um die Spannung abzugleichen.

Nach dieser Vorarbeit und bei normalen Seitenschlägen setzen Sie den Schlüssel auf den Nippel der Speiche, die am Anfang des seitlichen Ausschlags steht – und zwar auf der Seite, zu der die Felge hingezogen werden soll. Drehen Sie den Nippel eine Viertelumdrehung an, und arbeiten Sie auch weiterhin immer nur in kleinen Schritten. Ein Dreh zuviel, und das Laufrad ist stärker verzogen als vorher. Das zu starke Anziehen einer Speiche birgt die Gefahr eines Höhenschlages, und der ist deutlich schwerer zu beseitigen als ein Seitenschlag.

Versetzen Sie den Schlüssel weiter zur nächsten Speiche, die zur selben Seite zieht, und drehen Sie den Nippel auch hier eine Viertelumdrehung an. Verfahren Sie so mit allen Spei-chen bis zum Ende der zu Anfang markierten Stelle.

Kontrollieren Sie den Rundlauf der Felge und wiederholen Sie den Vorgang. Drehen Sie die Nippel aber stets nur eine Viertelumdrehung. Von Mal zu Mal wird der verzogene Bereich kleiner, es müssen dann weniger Speichen nachgespannt werden. Die Speichen am Übergang zum sauberen Rundlauf werden insgesamt weniger angezogen als die im Zentrum der größten Abweichung.

Um den starken seitlichen Ausschlag bei einer gebrochenen Speiche auszugleichen, müssen die benachbarten zwei Speichen (auf der Gegenseite!) entgegen der sonst üblichen Regel entspannt werden, damit sie nicht mehr so stark zu ihrer Seite ziehen. Wenn dies nicht ausreicht, werden die zwei nächstliegenden Speichen der Bruchseite nachgespannt, bis die Felge wieder durch den Rahmen läuft. Wichtig ist dabei, dass die Anzahl der Umdrehungen des Speichenschlüssels mitgezählt wird, damit bei der eigentlichen Reparatur der Urzustand wiederhergestellt werden kann, sonst ist der Höhenschlag des Rades vorprogrammiert.

So wird's gemacht

1

Üblicherweise werden Speichen nur nachgespannt und nie gelöst. Dies liegt daran, dass sich
die einzelnen Bestandteile in Setzungsbewegun-
gen aneinander anpassen und durch diese Veränderungen im Millimeterbereich die Spannung
der Speichen leicht nachlässt. Bevor Sie mit dem
Zentrieren beginnen, müssen Sie deshalb prüfen, ob die Speiche auch wirklich gespannt
wird, wenn Sie den Nippel drehen. Normalerweise kann sich der Kopf des Speichennippels in
einer Führung (dem Felgenboden) frei drehen,
während er sich auf das Gewinde der Speiche
schraubt. Je weiter der Nippel auf die Speiche
geschraubt wird, umso straffer wird die Speiche
gespannt.

2

Markieren Sie wieder den größten Ausschlag und
den gesamten verzogenen Bereich. Indem Sie an
einer Speiche leicht zur Seite ziehen, erkennen
Sie, in welche Richtung sich die Felge bewegen
wird, wenn diese Speiche angespannt wird. Spannen Sie nicht nur die Speiche an, bei der die Felge
den größten Ausschlag zeigt. Beginnen Sie statt
dessen am Anfang des Seitenschlages und spannen Sie diese Speiche nur leicht nach, indem Sie
den Speichenschlüssel wenige Winkelgrade drehen. Eine viertel oder halbe Umdrehung kann
schon zu viel sein! Halten Sie Messerspeichen
fest, damit diese nach dem Zentrieren nicht quer
zur Fahrtrichtung stehen. Im Zentrum der größten
seitlichen Felgenabweichung spannen Sie etwas
mehr, zum Ende wieder weniger nach. Prüfen Sie
danach erneut, wie das Laufrad läuft.

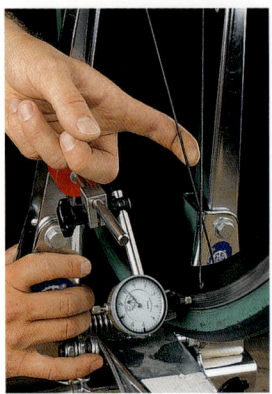

3

Beim Zentrieren von Sonderlaufrädern werden die
Nippel aufgrund der hohen Speichenspannung
stark belastet. Zudem kommen aus Gewichtsgrün-
den oft Nippel aus Aluminium zum Einsatz, die im
Vergleich zu Stahl sehr weich sind. Damit die
Schlüsselflächen nicht leiden, sollten Sie nur präzise passendes Werkzeug verwenden, so wie diesen knapp zehn Mark teueren Schlüssel, bei dem
zwei Stahlplättchen die eingeleitete Kraft auf
großer Fläche verteilen.

Laufräder

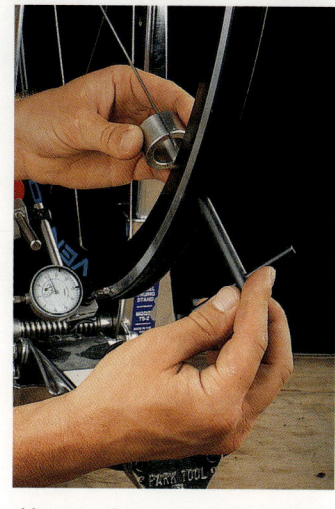

4

Ist kein Vierkant oder keine andere Möglichkeit erkennbar, das Werkzeug anzusetzen, liegt der Speichennippel vermutlich in der Felge versteckt. Dann benötigen Sie einen Sechskantschlüssel, meist in einer Schlüsselweite von fünf oder sechs Millimetern. Steckschlüssel mit Griff gibt's im Werkzeugfachhandel, doch müssen sie gelegentlich dünner geschliffen werden, damit sie in die engen Bohrungen des Felgenbodens passen.

Bei Mavics Ksyrium-Laufrädern ist vieles anders: Die Speichen sind aus Aluminium, auf den Nippeln ist kein Vierkant für das Werkzeug sondern Nuten, und der Nippel wird in einem Linksgewinde in die Felge geschraubt. Beim Zentrieren bleibt dennoch fast alles beim alten. Wie vom klassischen Laufrad gewohnt, wird der Zentrierschlüssel gedreht. Tückisch ist jedoch, dass die Steigung des Gewindes deutlich größer ist, weshalb schon minimale Drehung am Schlüssel starke Nachspannwirkung hat. Arbeiten Sie vorsichtig, sonst ist schnell ein Höhenschlag die Folge.

5

Um an die Nippel heranzukommen, müssen Sie in diesen Fällen das Felgenband abziehen. Prüfen Sie wieder die Drehrichtung des Nippels und zentrieren Sie wie beschrieben. Das ist in diesem Fall etwas schwieriger, weil Sie das Laufrad an dieser Stelle von der Uhr oder dem Abstandszeiger des Zentrierständers wegdrehen müssen, damit Sie das Werkzeug ansetzen können. Halten Sie die Speiche deshalb einfach mit dem Finger fest, mit dem Sie die Zugrichtung geprüft haben und drehen Sie die Speiche hoch. Verwenden Sie nach dem Zentrieren ein neues Felgenband, am besten ein auf den Boden geklebtes Stoffband wie das von Velox.

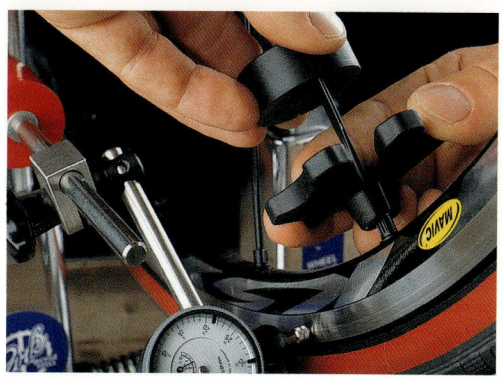

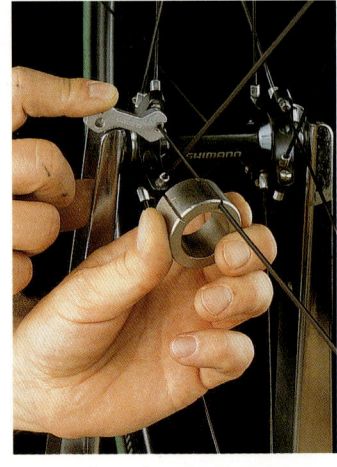

7 Die Vectran-Speichen von Spinergys Spox-Laufrädern reagieren sensibel auf Verdrehen. Deshalb liefert der Hersteller zwei in der Schlüsselweite unterschiedliche Zentrierwerkzeuge mit. Wenn Sie den zu zentrierenden Bereich festgelegt haben, markieren Sie die Speichen am oberen Ende. Führen Sie den größeren Schlüssel auf den »Nippel« und halten Sie mit dem kleineren die Speiche fest. Der Nippel wird für eine höhere Spannung rechtsherum gedreht.

8 Für Verwirrung sorgen die gekreuzt eingehängten Speichen bei Shimanos Laufrädern, doch ist auch hier fast alles normal. Die Speichen ziehen die Felge in Richtung des Nabenflansches, an dem sie befestigt sind. Mit der Rechte-Hand-Regel lässt sich die Drehrichtung der Nippel einfach bestimmen. Shimano liefert zwei der kleinen, mit einem Schlitz versehenen Schlüssel mit. Einer dient zum Nachspannen, der anderen dazu, die Speichen gegen Verdrehen zu sichern.

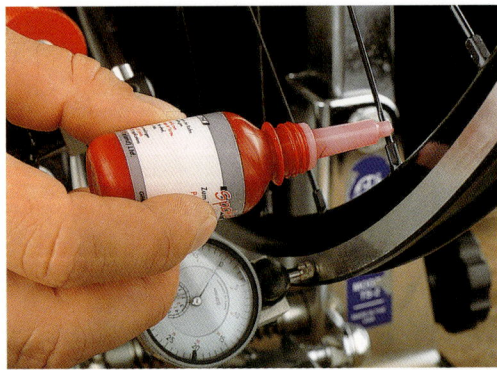

9 Wenn Speichen ersetzt wurden oder sich das Laufrad weich anfühlt, sollte die Speichenspannung mit einem Messgerät kontrolliert werden. Zu wenig Spannung kann zu Seitenschlägen und eventuell völligem Lösen der Speichen führen; zu viel Spannung schädigt Nabe und Speichen. Viele Hersteller geben die Spannung an, wenn nicht, dient ein Laufrad gleichen Typs zum Vergleich.

10 Wenn sich Speichen häufig lösen, können Sie mit speziellem Nippelkleber fixiert werden. Empfehlenswert ist dies vor allem, wenn das Laufrad nach der Einfahrzeit nochmals perfekt zentriert wurde. Der gleichmäßige Spannungszustand wird dann so lange wie möglich konserviert. Wenn bei der Fahrt ein Schlag ins Laufrad kommt, lässt der Klebstoff dennoch das Zentrieren zu.

Laufräder

LAUFRAD-MONTAGE
So sitzen die Laufräder sicher im Rahmen

1 Überprüfen Sie, ob die Naben beider Laufräder ganz in die Radaufnahmen, die sogenannten Ausfallenden gezogen sind. Achten Sie darauf, dass die Laufräder nicht schief in Gabel oder Hinterbau stehen. Öffnen Sie gegebenenfalls den Schnellspanner, indem Sie den Hebel nach außen klappen, bis die Nabe gelöst wird. Ziehen Sie die Nabe bis zum Anschlag, indem Sie sich mit den Daumen am Rahmen abstützen und mit den Zeigefingern den Schnellspanner nach hinten ziehen. Ist das Laufrad richtig positioniert, halten Sie es in dieser Position fest und klappen den Hebel des Schnellspanners wieder zum Rahmen hin, bis die Nabe leicht geklemmt wird.

2 Der Schnellspanner kann das Laufrad nur dann fest genug klemmen, wenn er richtig eingestellt wird. Wird der Hebel von der »Open«-Stellung zur »Close«-Stellung geschwenkt, reicht für die erste Hälfte des Weges sehr wenig Kraft.

Auf der zweiten Hälfte des Schließweges müssen Sie deutlich mehr Kraft aufwenden. Benutzen Sie die Streben des Rahmenhinterbaus, beziehungsweise die Gabelscheiden als Gegenhalt. Klappt der Hebel ohne großen Krafteinsatz nach innen, müssen Sie den Hebel wieder öffnen und die Vorspannmutter auf der anderen Laufradseite ein wenig weiter eindrehen. Stellen Sie zuerst eine halbe Umdrehung nach und schließen Sie den Hebel erneut. Wiederholen Sie diesen Vorgang, bis der Hebel sich mit dosiertem Krafteinsatz schließen lässt – immer den korrekten Sitz der Nabe im Ausfallende vorausgesetzt. Kontrollieren Sie Befestigung anschließend: Der Spannhebel darf sich nicht parallel zum Laufrad drehen lassen. Achten Sie darauf, dass der Hebel sich an Rahmen oder Gabel anschmiegt und nicht nach hinten oder seitlich absteht.

3

SCHEIBCHENWEISE

Der Zahnkranz am Rad lässt sich leicht wechseln – wenn man weiß,
wie's geht und welches Werkzeug man dafür benötigt.

Der Zahnkranz, das Paket der gezahnten Scheiben auf der Hinterrad-Nabe, ist das Kernstück jedes Fahrradgetriebes. Die Größe der einzelnen Ritzel und ihre Abstufung zueinander entscheidet darüber, ob der Radler im Revier seiner Wahl angepasste Gänge zur Verfügung hat. Wer in den Bergen zu Hause ist, braucht ein Paket für die gesamte Bandbreite zwischen steilem Anstieg und rasanter Abfahrt, während der Sportler aus dem Flachland für den Kampf gegen den Wind ein möglichst eng gestuftes Getriebe benötigt. Doch nicht nur unterschiedliches Gelände macht den Wechsel des Zahnkranzes gelegentlich notwendig – das Fahrradgetriebe unterliegt auch dem Verschleiß und muss regelmäßig erneuert

werden, um die optimale Funktion zu bewahren.

Präzise Wechselintervalle für den Zahnkranz lassen sich nicht angeben – dazu sind die Faktoren, die zum Verschleiß beitragen, zu unterschiedlich. Besser bestimmen kann man die Abnutzung der Kette – dafür gibt's entsprechende Werkzeuge, wie etwa die Messlehre »Caliber« von Rohloff. Faustregel: Nach drei bis vier neuen Ketten sollte auch der Zahnkranz einmal erneuert werden.

Das dafür notwendige Werkzeug kostet zwischen 30 und 80 Mark, je nach Qualität. Benötigt werden eine Kettenpeitsche, ein Zahnkranzabzieher zum Öffnen des Verschlussringes und gegebenenfalls ein großer Gabelschlüssel.

Nicht ganz so preisgünstig sind die Zahnkranzpakete. Bei Shimano beginnt die Preisskala bei rund 70 Mark für die einfachen Stahlritzel der Tiagra-Neunfach-Gruppe und reicht bis zu mehreren hundert Mark für die Modelle der hochwertigen Gruppen Ultegra und Dura-Ace. Bei diesen beiden Gruppen setzt Shimano sogenannte »Spiderarm«-Zahnkränze ein. Diese sparen Gewicht, weil die fünf großen Ritzel keine Scheiben mehr sind sondern nur noch dünne Ritzelringe, die, einmal zu zweit und einmal zu dritt, auf einem Aluminiumträger vernietet werden. Weil die Auflagefläche des Spiderarms auf dem Kassettenkörper größer ist als bei einzelnen Ritzeln, können die Kränze auch auf Freiläufe aus Aluminium montiert werden, wie sie Tuning-Firmen anbieten. In der Top-Qualität bestehen die großen Ritzelringe aus veredeltem und deshalb verhältnismäßig verschleißfestem Titan, was das Gewicht noch einmal senkt. Shimano bietet mehrere Zahnkranz-Abstufungen an: Als kleinstes Ritzel ist eines mit elf Zähnen möglich (ergänzt bis 21), als größtes eines mit 27 Zähnen (diese Kassette beginnt mit 12 Zähnen).

Bei Campagnolo sind die Zahnkranzpreise generell etwas höher: Mit knapp 500 Mark treibt es das komplett aus Titan-Ritzeln bestehende Record-Paket auf die Spitze. Nicht nur der günstigere Preis spricht indes dafür, aus dem Campa-Sortiment ein Mittelklasse-Modell zu wählen. Die Titan-Ritzel verschleißen schneller als solche aus Stahl, weshalb sie für die tägliche Trainingsfahrt eigentlich zu schade sind. Auch der Gewichtsvorteil ist eher gering, verglichen mit dem »MK2«-Zahnkranz, den Campa als Antwort auf Shimanos Spiderarm-Technik entwickelt hat. Ein Kompromiss aus Gewichtsersparnis und Haltbarkeit kann hier wie bei Shimano darin bestehen, die anteilig weniger genutzten großen Ritzel aus Titan, den Rest aus Stahl zu wählen. Die Italiener bieten vier Qualitäten an, die zu allen Campa-Freilaufkörpern passen. Bei den Kränzen der preisgünstigen Gruppen (Mirage, Veloce und Daytona) werden beim größten Ritzel bis zu 28 Zähne geboten, die Neunfach-Kränze der Top-Gruppen Chorus und Record hören bei 26 Zähnen auf. Bei der neuen Zehnfach-Gruppe ist ein Paket mit 13 bis 29 Zähnen vorgesehen, aber im Handel noch nicht sehr weit verbreitet.

Mavics Ritzel weisen das von Shimano eingeführte Verzahnungsprofil mit dem Freilauf auf. Gegenüber den Originalen aus Japan schalten die französischen Ritzel etwas schlechter. Sie bieten sich vor allem dann an, wenn ein Mavic-Laufrad zusammen mit Campagnolo-Komponenten gefahren werden soll. Bei älteren Mavic-Laufrädern funktioniert dies, wenn der speziell für Campa-Schaltwerke etwas verbreiterte Freilaufkörper an der Nabe montiert wird. Ab dem Baujahr 2000 sind Mavic-Laufräder quasi universell verwendbar: mit Shimano-Ritzeln oder Mavic-Ritzeln für Shimano-Schaltungen, mit Shimano-Ritzeln und speziellen Distanzringen für Campa-Schaltungen oder mit Mavic-Ritzeln und Distanzringen für Campa-Schaltungen.

Um die Übersetzung fürs Gebirge oder Flachland anzupassen, tauscht man am besten den kompletten Zahnkranz, denn die Stellung der einzelnen Ritzel zueinander ist exakt festgelegt, um möglichst schnelle und weiche Gangwechsel zu erzielen. Wechselt man einzelne Ritzel, stimmt die Position der Aussparungen an den Ritzeln – sogenannte »Schaltweichen« – nicht mehr exakt und das Schaltverhalten verschlechtert sich möglicherweise. Bestellt man einzelne Ritzel nach, muss man deshalb die Zähnezahl und die Buchstabenkennung, die auf den Ritzeln eingeprägt ist, angeben.

Wesentlichen Anteil am Funktionieren des Fahrradgetriebes hat neben dem Zahnkranz vor allem die Kette. Von deren Zustand hängt es ab, ob sich die Gänge leicht und sicher wechseln lassen. Je mehr Ritzel sich am Hinterrad drängen, desto schmaler und flexibler muss die Kette werden. Jedes einzelne Kettenglied ist ein filigranes Gebilde und entsprechend schnell verschleißen die dünnen, biegsamen Metallbänder. Je nach Pflegezustand und abhängig davon, wie oft Regen das reibungsmindernde Öl aus der Kette wäscht und harte Sprints das Material belasten, ist die Kette einer Neunfach-Schaltung nach 1.500 bis 2.500 Kilometern so stark verschlissen, daß sie ersetzt werden sollte. Das kostet, je nach Kette, zwischen 35 und 60 Mark.

Wird eine Kette verwendet, obwohl sie abgenutzt ist, längt sie sich weiter und setzt mehr und mehr auch den Ritzeln und Kettenblättern zu. Sind die Zahnräder erst einmal verbraucht, macht es auch keinen Sinn mehr, nur eine neue Kette aufzulegen. Da erscheint es klüger, alle Teile so lange zu fahren, bis die Schaltfunktion deutlich leidet oder die Kette durchrutscht – erst dann wird alles erneuert, Kette, Ritzel und Kettenblätter. Verantwortliche Techniker und Ingenieure von Shimano zum Beispiel haben diese Variante in Gesprächen mit TOUR bereits mehrfach favorisiert. Sie birgt allerdings die bei zunehmender Laufzeit wachsende Gefahr von Kettenrissen. Wer dieses kalkulierbare Risiko eingehen will, kann auf diese Weise mit Kette, Ritzeln und Kettenblättern Laufleistungen zwischen 10.000 und 20.000 Kilometern erzielen. Je nach Qualität der Teile kommen für den kompletten Tausch dann allein an Materialkosten zwischen 250 und 450 Mark zusammen.

Die mittlerweile etablierten Neunfach- und Zehnfach-Getriebe haben die Anforderungen an Schaltungsketten noch einmal erhöht. Weil die Ritzel so dicht nebeneinander stehen, muss die Ket-

te sehr schmal sein. Um das zu erreichen, schließen die Bolzen, welche die Kettenglieder verbinden, fast bündig mit den Außenseiten der Laschen ab. Damit die Kette unter Last und bei der Biegung während des Wechsels von einem Ritzel auf das nächste nicht aufgeht, ist ein sehr hoher fertigungstechnischer Aufwand erforderlich. Die Hersteller haben das Problem weitgehend im Griff, kritisch ist allerdings die Stelle, an der die Kette vernietet wird. Mit der klassischen Methode, bei der ein Bolzen mit einer Kettenniet-Zange oder einem Kettennieter eingedrückt wird, ist eine sichere Verbindung nicht herzustellen.

Shimano fügt deshalb jeder Kette spezielle Nietstifte bei, die jeweils einmal verwendet werden können. Hersteller wie Point, Sram, Taya, Wippermann und andere haben spezielle Verschlussglieder entwickelt, die immer wieder geöffnet und geschlossen werden können. Auch Campagnolo hat seiner Kette für das Zehnfach-Getriebe ein so genanntes »Perma-Link« spendiert – doch das entpuppte sich bei den ersten Ketten als Schwachstelle. Es verschliss schneller als die anderen Bolzen und verursachte dadurch Defekte an der Kette.

Wenn die an Ihrem Rad montierte Neunfach-Kette kein Verschlussglied aufweist, oder kein spezieller Nietstift vorhanden ist, schafft die Verwendung des sogenannten »Rohloff-Revolver« Sicherheit: Das Werkzeug weitet den Niet nach dem Eindrücken auf und sichert ihn auf diese Weise.

Das Permalink von Campa (rechts) macht seinem Namen keine Ehre. Es verschleißt schneller als der Rest der Kette.

ZAHNKRANZ-WECHSEL

So wird's gemacht

1 Schrauben Sie den Schnellspanner aus dem demontierten Laufrad vollständig heraus. Setzen Sie den sogenannten Abzieher in das Keilwellenprofil des Verschlussringes und sichern Sie ihn mit dem Schnellspanner gegen Herausrutschen.

2 Der Verschlussring wird gegen den Uhrzeigersinn geöffnet. Da der Zahnkranz in diese Richtung durchdreht, muss er mit einer Kettenpeitsche festgehalten werden. Legen Sie die Kettenglieder der Peitsche sorgfältig auf das größte Ritzel und halten Sie die Peitsche etwas unter Spannung, damit die Kette nicht wieder abrutscht. Setzen Sie einen Ring- oder Gabelschlüssel auf den Abzieher und lösen Sie den Verschlussring. Halten Sie Ihre Hände so, dass Sie sich nicht verletzen, wenn sich der Ring löst und sich das Werkzeug ruckartig bewegt. Öffnen Sie den Schnellspanner wieder, damit Sie den Verschlussring aufdrehen und abnehmen können.

3 Nehmen Sie die Ritzel vom Freilaufkörper herunter. Hinter den ersten Ritzeln steckt jeweils ein Zwischenring. Shimanos 105er-Zahnkranzpaket beginnt mit vier losen Ritzeln mit Zwischenringen, der Rest wird dann im Ganzen heruntergenommen.

4 Ultegra und Dura-Ace, sowie Campagnolos MK2-Pakete haben zur Speichenseite hin Doppel- bzw. Dreifach-Ritzel, die ebenfalls komplett entfernt werden. Campas preiswertere Ritzel sind dagegen alle einzeln gesteckt.

5 Ritzel können aufgrund von Korrosion nach sehr langer Laufzeit festsitzen, oder wenn einzelne Ritzel auf einen Aluminium-Freilaufkörper gesteckt wurden. Mit zwei großen Schraubendrehern, die gegenüberliegend zwischen den Ritzeln angesetzt werden, lassen sich die Ritzel in der Regel einzeln herunterhebeln. Setzen Sie die Schraubendreher immer wieder am Umfang versetzt neu an und schieben Sie die Ritzel stückweise vom Freilauf.

Verschleißspuren an einem Aluminiumkörper, der mit einzelnen Shimano-Ritzeln gefahren wurde. Die Ritzel haben sich in Antriebsrichtung eingegraben und Material aufgeworfen. In diesem Fall versagt gelegentlich auch die unter Punkt 5 genannte Methode. Versuchen Sie die Ritzel dann mit zwei Kettenpeitschen zu lösen. Wie beim Öffnen des Verschlussringes beschrieben, setzen Sie eine Peitsche auf dem größten Ritzel an, um den Freilauf festzuhalten. Die zweite Peitsche dreht das Ritzel ein wenig entgegen der Antriebsrichtung und löst es so aus der Vertiefung im Freilauf. Nach dem Lösen wird das Ritzel mit den Schraubendrehern heruntergehebelt.

6

Zahnkranz und Kette

7 Mit einer Flachfeile muss das aufgeworfene Material geglättet werden, bevor neue Ritzel aufgeschoben werden. Einzel-Ritzel sollten auf einem so vorgeschädigten Freilauf nicht mehr verwendet werden. Die Montage von Einzel-Ritzeln auf Aluminiumkörpern ist generell nicht empfehlenswert. Auch miteinander verschraubte Einzel-Ritzel wie bei Shimanos 105-Gruppe führen zu dem geschilderten Problem. Campagnolos Ritzel weisen ein höheres Profil auf, das eine derartige Beschädigung ausschließt.

8 Reinigen Sie unabhängig von der Zahnkranzart den Freilaufkörper und entfernen Sie eventuell vorhandene Korrosion, beispielsweise mit Stahlwolle. Wachsen Sie den Körper zum Schutz vor weiterer Korrosion ein. Stecken Sie die Ritzel auf und beachten Sie dabei die Ausrichtung, denn nicht alle Naben sind so beschaffen, dass der Zahnkranz nur in einer Stellung montiert werden kann. Am inneren Rand der Ritzel und am Profil des Freilaufkörpers gibt es jeweils eine Aussparung, beziehungsweise einen Vorsprung, die anders geformt sind. Diese Bereiche müssen bei allen Ritzeln hintereinander gesteckt werden, dann stimmt die Position der Schaltweichen. Die Beschriftung der Ritzel zeigt dabei von der Speichenseite weg.

Hand einige Umdrehungen auf, bevor Sie ihn mit dem auf dem Verschlussring vorgeschriebenen Drehmoment festziehen. Steht kein Drehmomentschlüssel zur Verfügung, ziehen sie den Ring mit einem normalen Gabelschlüssel gut fest, ohne Ihre gesamte Kraft einzusetzen. Kontrollieren Sie im Zweifelsfall den Sitz des Ringes nach zweihundert Kilometern Fahrt nochmals.

9 Fetten Sie das Gewinde des Verschlussringes und stecken Sie ihn auf den Abzieher. Setzen Sie den Ring an und drehen Sie ihn von

KETTEN-MONTAGE

1 Betätigen Sie die Schalthebel, bis das Schaltwerk am Hinterrad unter dem kleinsten Ritzel und der Umwerfer vorne über dem großen Kettenblatt steht. Führen Sie die Kette über das große Blatt und das kleinste Ritzel und fädeln Sie die Kette über Führungs- und Spannrolle und an den Nasen der Kettenführung vorbei ein.

2 Ziehen Sie die Kettenenden so weit zusammen, bis die Rollen des Schaltwerks senkrecht übereinander stehen. Wenn sich die Kettenenden dabei überlappen, muss der Strang um dieses Stück gekürzt werden.

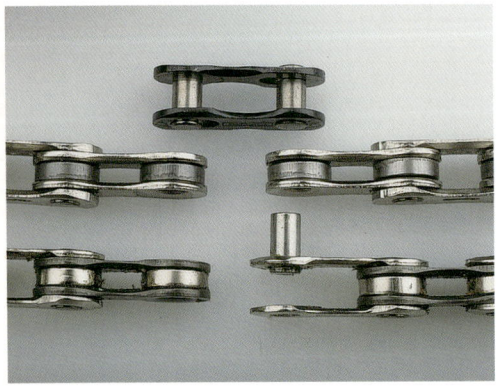

3 Werden Verschlussglieder eingesetzt, müssen Sie das Ende mit den Außenlaschen soweit ablängen, bis eine Innenlasche das Endstück bildet (oben). Wenn die Kette mit einem Stift vernietet wird, kürzen Sie die Kette an dem Ende mit den Innenlaschen, so dass wieder Innenlaschen das Ende bilden (unten). Zählen Sie die überzähligen Glieder; nehmen Sie die Kette vom Kettenblatt herunter und legen Sie sie vorsichtig auf dem Tretlagergehäuse ab, so ist die Kette nicht mehr gespannt, was die nachfolgenden Arbeiten erleichtert.

5 Schieben Sie bei Shimano-Ketten den passenden Nietstift gefettet in die Außenlasche. Drücken Sie den Stift mit einem Kettennieter in die Kette, bis er fühlbar und hörbar einrastet. Die Kraft, mit der die Spindel des Werkzeugs gedreht werden muss, lässt dann sofort nach.

4 Drücken Sie den vorhandenen Niet vollständig aus der Kette heraus und entfernen Sie den Kettenrest. Prüfen Sie nochmals die Kettenlänge wie oben beschrieben.

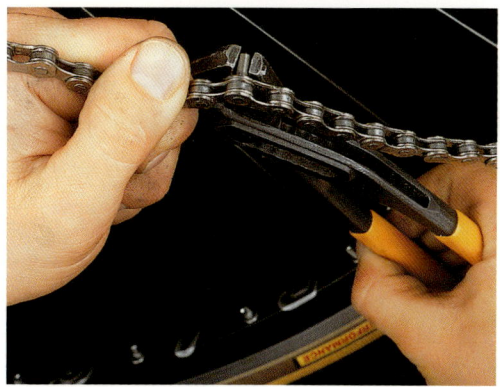

6 Setzen Sie den Nietendrücker ab. Kontrollieren Sie, ob sich das vernietete Kettenglied frei bewegen lässt und ob der Niet auf beiden Seiten gleich weit übersteht. Brechen Sie abschließend den Führungsstift am Niet ab.

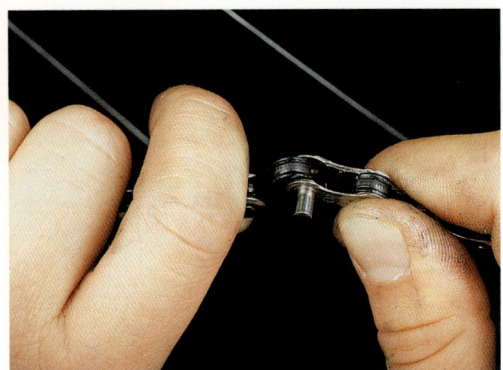

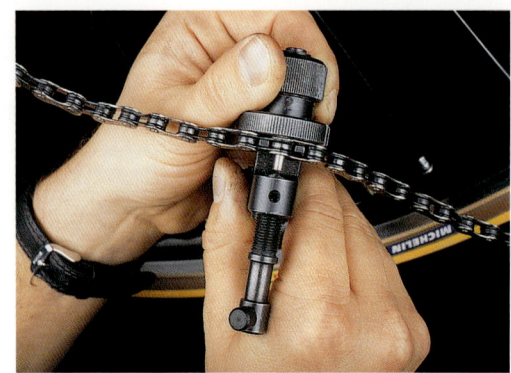

7 Ketten ohne Schloss wie etwa von Rohloff werden üblicherweise mit einem leicht eingedrückten Nietstift ausgeliefert. Dieser sollte zum Vernieten benutzt werden, kürzen Sie die Kette bei Bedarf also am anderen Ende. Spreizen Sie die Außenlaschen leicht auf und schieben Sie die Laschen übereinander, bis der Niet leicht einrastet.

8 Legen Sie die Kette in den Revolver ein. Wählen Sie den richtigen Bolzenüberstand und drehen Sie die Klemmvorrichtung zu. Drehen Sie den gefetteten Kettenbolzen mit der Spindel in die Kette, bis er an den Anschlag gelangt.

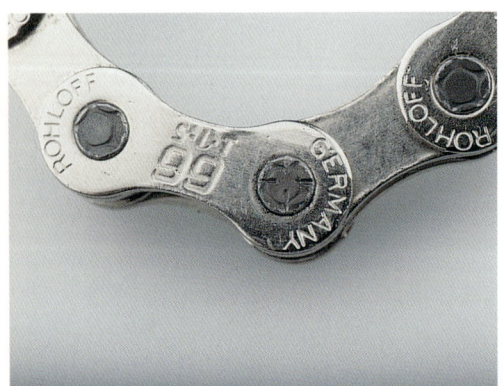

Drehen Sie in dieser Stellung bewusst mit Kraft eine halbe Umdrehung weiter, damit der Bolzen aufgeweitet und somit vernietet wird. Erkennbar ist dies hinterher am Kreuz, dass der Revolver in den Bolzen drückt. An dieser Stelle sollte die Kette nicht mehr geöffnet und neu vernietet werden.

9

10

Drehen Sie die Spindel zurück und öffnen Sie die Klemmvorrichtung. Kontrollieren Sie, ob das Kettenglied frei beweglich ist. Sollte dies nicht der Fall sein, nehmen Sie die Kette in beide Hände und legen Sie die Daumen links und rechts neben die Nietstelle. Biegen Sie die Kette gefühlvoll quer zur Laufrichtung hin und her, bis das Glied nicht mehr klemmt. Erkennbar ist das daran, wenn die Kette von der Spannung des Schaltwerks vollständig auseinandergezogen wird, nachdem die Glieder von Hand zusammengeschoben wurden.

11

Kettenschlösser sollten Sie fetten, bevor Sie die Bolzen in die Innenlaschen einführen. Rasten Sie das Schließsystem ein; kontrollieren Sie, ob die Bolzen in den Laschen richtig eingerastet sind und ob sich die Kette nicht mehr quer zur Laufrichtung verschieben lässt. Schalten Sie nach der Montage zur Überprüfung der Funktion im Stand alle Gänge durch.

TIPPS & TRICKS

● *Die Lebensdauer der Kette hängt wesentlich von äußeren Bedingungen ab – häufige Regenfahrten beschleunigen den Verschleiß. Positiv beeinflussen kann man die Haltbarkeit, wenn man starken Schräglauf der Kette vermeidet: Legen Sie keine extremen Übersetzungen mit kleinem (großem) Kettenblatt und kleinen (großen) Ritzeln auf.*

● *Öl hilft – wenn man es sinnvoll anwendet. Träufeln Sie Öl auf die obere Seite des unteren Kettentrums, drehen Sie die Kette dann mehrmals durch und lassen Sie das Rad einige Zeit stehen. Wischen Sie anschließend das überschüssige Öl mit einem saugfähigen Lappen wieder ab. Verwenden Sie das Öl sparsam und wiederholen Sie die Prozedur lieber häufiger – auf jeden Fall aber nach jeder Regenfahrt!*

STEUERREFORM

Klassik gegen Moderne: Der traditionelle Schaftvorbau am Rennrad weicht mehr und mehr dem Ahead-Vorbau. Das hat auch Konsequenzen für Montage und Wartung des Lenkungslagers.

Das Lenkungslager, auch Steuersatz genannt, gehört zu den Teilen am Rennrad, die am schnellsten verschleißen, da es während der Fahrt ständigen Stößen ausgesetzt ist. Dazu kommen Wasser und Schmutz, die mit der Zeit an den Dichtungen vorbei ins Lagerinnere dringen und den schützenden Schmierfilm verdünnen, der für einen reibungslosen Lauf der Lenkung sorgt. Die Lenkungslager werden auch über Gebühr beansprucht, wenn sie zu stramm oder zu schwach eingestellt sind. Sind die Oberflächen der Lagerlaufbahnen erst einmal angegriffen, ist der Verfall nicht mehr aufzuhalten. Höchste Zeit für einen neuen Steuersatz.

Um festzustellen, ob der Lagerlauf noch einwandfrei funktioniert, ziehen Sie zunächst die Vorderbremse, umfassen den unteren Lagerbereich mit zwei oder drei Fingern und dem Daumen und schieben das Rad vor und zurück. Gabel und Lagerschale dürfen sich dabei nicht gegeneinander bewegen, sonst ist zu viel Spiel im Lager, das justiert werden muss. Jetzt halten Sie das Rad am Oberrohr des Rahmens hoch, sodass das Vorderrad nicht mehr auf dem Boden steht. Wenn Sie nun ein Lenkerende leicht antippen, sollte das Vorderrad aus der Mittelstellung zur Seite kippen. Ist dies nicht der Fall, prüfen Sie zunächst, ob Bowdenzüge die

Bewegung hemmen oder ob das Lager selbst schwer läuft. Die sehr langlebigen Walzenlager laufen übrigens immer etwas schwergängiger als Kugellager. Bringt die Justage des Lagerspiels keine Besserung, kann es daran liegen, dass die Lagerschalen schief zueinander liegen. Wenn Sie aber das Vorderrad ohne großen Krafteinsatz ganz von links nach rechts drehen können, das Rad jedoch in der Mittelstellung einrastet, ist die Lagerung bereits beschädigt – das Rad fährt nicht mehr richtig geradeaus. Wegen der Stoßkräfte von unten ist meist jedoch nur das untere Lager verschlissen.

Bevor Sie zum Händler fahren, um die Lagersitze nachbearbeiten zu lassen oder Ersatzteile zu besorgen, sollten Sie einen Blick in das Innere des Steuersatzes werfen. Denn je nach Lagertyp benötigen Sie andere Ersatzteile. Bei klassischen Kugellagern, die aus Konen, Kugelringen und Außenschalen bestehen, muss man zumindest die komplette untere Lagerung ersetzen. Bei Lagertypen mit in das Gehäuse eingelegten kompletten Einheiten – zum Beispiel Shimanos Cartridge-Lager Dura-Ace oder Ultegra – kann die beschädigte Einheit in der Regel einzeln ausgetauscht werden, das reduziert die Kosten. Preiswert ist auch der – sehr selten nötige – Ersatz bei Walzenlagern, zum Beispiel von Stronglight oder Tecora.

Messen Sie Ihr altes Lager immer genau aus, bevor Sie Ersatz besorgen. Es gibt Lagerschalen- und Konussitze mit verschiedenen Durchmessern.

Auch die Bauhöhe des Lagers ist zu beachten – vor allem, wenn Sie einen neuen Lagertyp oder ein Nachfolgemodell Ihres bisherigen Typs einbauen wollen. Die Höhe misst man von der Unterkante des Konus auf der Gabel bis zur Oberkante der Schale am Übergang zum Rahmenrohr. Ist das neue Lager weniger hoch als das bisherige, müsste die Gabel gekürzt werden, sonst lässt sich das Lager nicht mehr justieren. Ist es höher, könnte die Kontermutter nicht mehr auf den Gabelschaft passen – man bräuchte eine neue Gabel mit längerem Schaft.

Damit das ganze Lager fest genug sitzt, müssen jeweils die Durchmesser der inneren und äußeren Bauteile genau aufeinander abgestimmt sein: Der Innendurchmesser des Konus sollte etwas kleiner sein als der Außendurchmesser des Gabelschafts und der Innendurchmesser des Steuerrohrs etwas kleiner als der Außendurchmesser der Schalen. Der Unterschied sollte jedoch nicht über 0,1 Millimeter hinausgehen – sonst kommt es schon bei der Montage zu Schäden.

AHEAD-TECHNIK

Aktuelle Rennrad-Tests in TOUR ergeben seit einigen Jahren ein klares Votum für die aktuelle Ahead-Lenkungslagertechnik: Fast alle Hersteller verbauen das revolutionär einfach aufgebaute Lager mittlerweile an ihren Rädern. Der auffälligste Unterschied des Aheadset-Systems im Vergleich mit dem klassischen Vorbau ist, dass der Vorbau nicht schlank aus dem Gabelinneren austritt, sondern eher klobig oben am Lager ansetzt. Werkzeugflächen für die Gabelschlüssel, mit denen sonst das Lagerspiel eingestellt wird, sind nicht vorhanden, eine Kontermutter sucht man vergeblich.

Grund für die andere Optik und Handhabung ist, dass der Gabelschaft kein Gewinde mehr aufweist. Die entscheidende Idee der Erfinder beim Komponenten-Hersteller Dia-Compe bestand im Weglassen. Die Funktion der oberen, geschraubten und gekonterten Lagerschale übernimmt jetzt der Ahead-Vorbau. Der wird auf dem glatten Gabelschaft nach unten geschoben, wo er aufs Lager drückt. Verantwortlich für den dosierten Druck zur spielfreien Lagerklemmung ist der obere Abschlussdeckel, der sich an einem Mechanismus im Inneren des Gabelschaftes abstützt.

Gerade an dieser Stelle werden am häufigsten Fehler gemacht. Damit das Lager eingestellt werden kann, muss zwischen der Oberkante des Gabelschaftes und der Unterkante des Deckels ein Spalt verbleiben – sonst sitzt der Deckel auf dem Schaft auf und kann den Vorbau nicht nach unten schieben. Ungefähr zwei Millimeter Abstand genügen, aber der Gabelschaft muss präzise rechtwinklig zur Schaftmitte abgelängt werden. Ist der Abstand zwischen Gabelschaft und Deckel größer, wird die Fläche kleiner, mit der sich der Gabelschaft im Vorbau abstützt – eine unerwünschte Folge, denn das schmälert die Betriebssicherheit. Besonders kritisch verhalten sich in diesem Punkt Carbon-Gabelschäfte, insbesondere, wenn die Schaftklemme des Vorbaus aus Gründen der Gewichtsersparnis am Übergang zum eigentlichen Vorbau ein großes Loch aufweist. In dieses Loch weicht der Carbon-Gabelschaft aus, wenn der Vorbau geklemmt wird; auf diese Weise kann es zu Beschädigungen des Fasermaterials kommen.

Aus der Notwendigkeit, den Gabelschaft auf die exakte Länge kürzen zu müssen, resultiert die Unsicherheit von Monteuren und Benutzern. Die nachträgliche Höhenverstellung des Lenkers ist nur möglich, wenn bei der Montage von vornherein Zwischenringe verwendet werden. Diese so genannten Spacer fädelt man zwischen Vorbau und oberer Lagerschale auf den Gabelschaft. Achten Sie deshalb beim Kauf eines Rades unbedingt darauf, dass mehrere verschieden breite Ringe, die insgesamt mindestens zwei Zentimeter messen, eingebaut sind.

Um den Lenker in der Höhe zu verstellen, kann man die Zwischenringe von unten nach oben tauschen. Zwischenringe wegzulassen ist erst dann möglich, wenn die endgültige Position feststeht, der Gabelschaft muss dann gekürzt werden, damit man das Lagerspiel justieren kann.

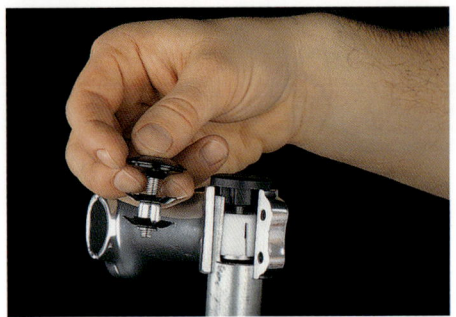

Einblick: Beim Aheadset drückt ein Deckel auf den Vorbau, der wiederum das Lagerspiel fixiert.

Die zweite Möglichkeit zur Höhenverstellung des Lenkers besteht in der Verwendung unterschiedlicher Vorbauten. Typischerweise verläuft die Oberkante des Vorbaus annähernd parallel zum Boden. Dies ergibt einen Vorbauwinkel von minus 17 Grad, da die meisten Rennmaschinen einen Lenkkopfwinkel von etwa 73 Grad aufweisen. Gemessen wird der Winkel von der Senkrechten zum Gabelschaftrohr: Ein genau rechtwinklig stehender Vorbau wird mit null Grad bezeichnet. Nimmt die Gradzahl des Vorbauwinkels ab, oder wechselt sie das Vorzeichen und nimmt gar positive Werte an, kommt der Lenker trotz gleicher Länge des Vorbaus immer höher.

Besonders geeignet für das Herausfinden der richtigen Position sind so genannte Flip-Flop-Vorbauten, die auch umgedreht angebaut werden können. Dadurch sind zwei unterschiedliche Lenkerhöhen möglich. Je grösser der Winkel eines solchen Vorbaus, umso größer ist der Höhenunterschied zwischen den zwei Lenkerpositionen. Vorbauten mit 17 Grad Neigung ergeben aber einen sehr großen Sprung zwischen den Positionen, sie taugen nicht zur Feinabstimmung. Flip-Flop-Vorbauten erkennt man am symmetrischen Klemmbereich am Gabelschaft – die obere und die untere Kante der Klemmung müssen parallel zueinander liegen. Außerdem wird bei solchen Vorbauten der Lenker mit einem Deckel geklemmt.

LENKUNGSLAGER KLASSISCH

So wird's gemacht

Drehen Sie den oberen Lagerkonus ab, nachdem Sie den Vorbau demontiert, den Lenker am Rahmen festgebunden und die Vorderradbremse von der Gabel losgeschraubt haben. Wischen Sie das alte Fett und den Schmutz mit einem Lappen vom Lagerkonus und kontrollieren Sie ihn auf Beschädigungen. Sind deutliche Laufspuren, Dellen, Ausbrüche oder Korrosion in der Oberfläche erkennbar, muss der Konus ersetzt werden.

2

Entfernen Sie die Lagerringe aus den Gehäusen und säubern Sie die Laufbahnen, um sie zu kontrollieren. Zum Austreiben der Lagerschalen sollte ein Helfer den vorderen Lenkkopfbereich gut abstützen, damit durch die Schläge nicht die Komponenten oder der Rahmen beschädigt werden. Der Versuch, das Unterrohr auf einer Werkbank abzustützen, kann bei dünnwandigen Rahmen zu hässlichen Beulen führen. Führen Sie ein Rohr, dessen Kanten nicht zu stark abgerundet sind, von oben leicht schräg in das Lenkrohr des Rahmens, bis es sich auf dem Bund der Lagerschale abstützt. Treiben Sie die Lagerschale mit leichten Schlägen – abwechselnd vorne und hinten – aus der Passung heraus. Achten Sie auf Ihre Füße, denn häufig löst sich die Schale plötzlich und schießt mitsamt dem Rohr zu Boden!

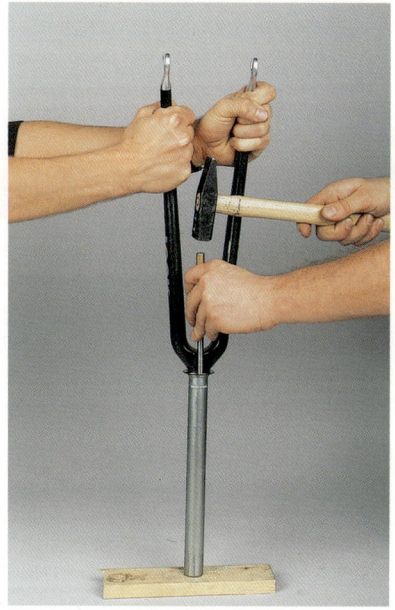

1

Stellen Sie die Gabel kopfüber auf ein Stück Holz und bitten Sie einen Helfer, die Gabel zu halten. Treiben Sie den Konus mit einem Durchschlag oder einem großen Schraubendreher vom Sitz. Führen Sie die Schläge nicht nur einseitig, sondern gleichmäßig vorne und hinten aus, damit sich der Konus nicht verkantet. Dann kontrollieren Sie den gereinigten Gabelschaft, insbesondere den Lagersitz, auf Beschädigungen.

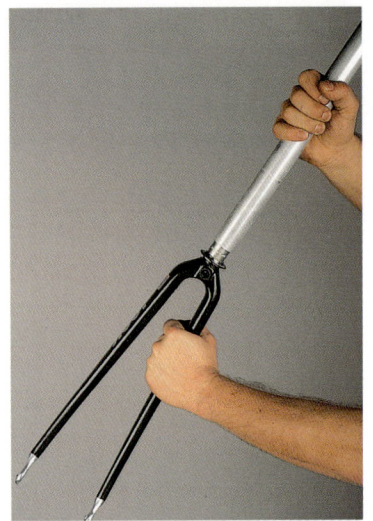

3

Fetten Sie den Konussitz und den Konus selbst, bevor Sie ihn gerade aufsetzen. Schlagen Sie den Konus mit einem eng am Schaftrohr anliegenden Rohr auf. Die Stöße sollten nicht auf die Lagerlaufbahnen und nicht auf die meist sehr dünnen Dichtungsbereiche einwirken. Optimal: weiche Aluminiumrohre.

4

Wenn kein Spezialwerkzeug zur Verfügung steht, können Sie die Lagerschalen auch mit einer Schraubzwinge in den Rahmen pressen. Voraussetzung hierbei ist allerdings, dass die Toleranzen eingehalten und die aufeinander gleitenden Flächen gut gefettet werden. Ziehen Sie bei dieser Methode eine Schale nach der anderen ein – das verringert die Gefahr, dass eine Schale schräg gezogen wird und sich ein Bund aufwirft. Legen Sie zwei Holzplatten auf die Schalen beziehungsweise das Lenkungsrohr und setzen Sie die Zwinge mittig an. Drehen Sie die Zwinge gleichmäßig zu und beobachten Sie, wie die Schale gleitet. Gerät sie in eine Schräglage, müssen Sie die Schraubzwinge dementsprechend versetzen.

TIPPS & TRICKS

● *Carbongabeln sind bei Handhabung und Montage sehr sensible Teile. Sie müssen deshalb grundsätzlich sehr exakt gefertigt sein und genau zum Rad und den anderen verwendeten Komponenten passen. Das gilt sowohl für den Lagersitz als auch für den Vorbau.*

HÖHENMESSER

WINKEL LÄNGE	-17	-8	0	+8	+17
70 mm	-20,5	-9,7	0	+9,7	+20,5
90 mm	-26,3	-12,5	0	+12,5	+26,3
110 mm	-32,6	-15,3	0	+15,3	+32,6
130 mm	-38	-18,1	0	+18,1	+38

In der Tabelle kann man ablesen, wie groß der Höhenunterschied ist, der sich aus der Verwendung eines Vorbaus mit anderem Winkel ergibt. Lesebeispiel: Ein 90 Millimeter langer Vorbau mit minus acht Grad bringt den Lenker 12,5 Millimeter tiefer. Der Höhenunterschied bei einem Flip-Flop-Vorbau ergibt sich aus der Addition der beiden Werte bei gleicher Gradzahl. Bei einem 130 Millimeter langen Vorbau mit 17 Grad sind das folglich satte 76 Millimeter.

5

Wer öfter Lenkungslager tauscht, kann sich mit geringem finanziellem Einsatz selbst ein Werkzeug bauen. Man braucht dazu: eine Gewindestange, drei passende Muttern, eine Hülse beziehungsweise einen Rohrabschnitt und mehrere Karrosseriescheiben mit verschiedenen Außendurchmessern für die unterschiedlichen Lagermaße. Drehen Sie eine Mutter auf die Stange, fädeln Sie eine Karosseriescheibe auf und fixieren Sie die Scheibe mit einer zweiten Mutter. Ziehen Sie die Muttern stark gegeneinander an, damit sich die Konterung im späteren Einsatz nicht löst. Mit der Hülse und den verschiedenen Scheiben wird die Lagerschale aufgenommen und in das Steuerrohr geführt. Über eine dritte Mutter, die sich an einer Scheibe auf der gegenüberliegenden Seite abstützt, wird das Lager eingezogen.

6

Lagerschalen, die von Hand hineingeschoben werden können, stören beim Fahren durch Knack- oder Klappergeräusche. Entfetten Sie die Schalen und den Lagersitz im Rahmen und tragen sie Zweikomponenten-Klebstoff oder Klebstoff für Wellen-Naben-Verbindungen (Gebrauchsanweisung beachten!) auf. Lassen Sie den Klebstoff gut aushärten, bevor Sie die Gabel wieder montieren.

7

Rutscht der Konus auf den Sitz, ohne dass man dafür Kraft aufwenden muss, bedeutet das, dass er nicht fest genug sitzt – auch dies führt zumindest zu Klappergeräuschen. Entweder klebt man den Konus ebenso fest oder man weitet den Sitz etwas auf: Dazu legen Sie den Gabelschaft waagerecht auf ein Holzbrett. Setzen Sie einen Körner in der Mitte oder in der dem Gabelkopf abgewandten Hälfte des Lagersitzes an und schlagen Sie mit dem Hammer am Umfang gleichmäßig verteilte leichte Vertiefungen in das Material. Am Rand der Eindrücke wird das Material aufgeworfen – dadurch vergrößert sich der Durchmesser des Sitzes.

AHEADSET-LENKUNGSLAGER

So wird's gemacht

1 Lösen Sie die Klemmschrauben, die sich seitlich am Vorbau befinden, bis sich der Vorbau gegenüber der Gabel verdrehen lässt. Meist genügen eine bis zwei Umdrehungen, keinesfalls müssen diese Schrauben ganz heraus gedreht werden.

2 Drehen Sie die oben liegende Schraube ganz heraus und entfernen Sie diese mit dem Deckel. Beachten Sie, dass die Gabel nicht mehr fest ist, nachdem Sie die Schraube gelöst haben, und aus dem Rahmen herausgleiten kann.

3 Ziehen Sie den Vorbau vom Gabelschaft. Jetzt können Sie die Spacer nach Ihren Wünschen von unten nach oben tauschen und umgekehrt. Die Reihenfolge ist beliebig, weglassen kann man aber keinen, sonst kann das Lager nicht mehr eingestellt werden. Bei den meisten Lenkungslagern ist es empfehlenswert, dass der Vorbau nicht direkt auf die obere Lagerschale drückt. Legen Sie deshalb zumindest einen dünnen Zwischenring unter den Vorbau.

4 Wenn der Lenker höher angebracht werden soll und bereits alle Spacer unter den Vorbau gesteckt wurden, muss entweder ein Vorbau mit einer anderen Winkelstellung montiert werden, oder der Vorbau ist dafür vorgesehen, dass er umgedreht wird.

Lenkungslager

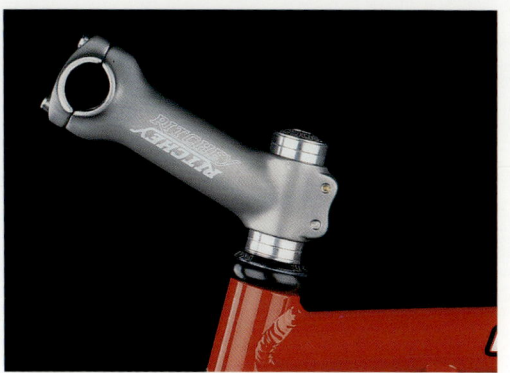

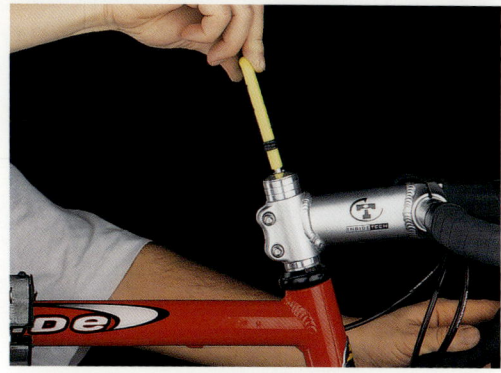

5 Je steiler die Winkelstellung umso mehr Höhe gewinnt man. Im Bild ein 17-Grad-Vorbau, der in der einen Position für ein gewohntes Erscheinungsbild sorgt, aber umgedreht den Lenker mehrere Zentimeter hochverlegt. Erfahrungsgemäß müssen gleichzeitig ein paar Spacer nach oben gewechselt werden, damit der Höhensprung nicht zu groß ausfällt.

Setzen Sie das Fahrrad auf den Boden, ziehen Sie die Vorderradbremse. Legen Sie die Finger der anderen Hand um die obere Lenkungslagerschale, bewegen Sie das Fahrrad vor und zurück. Verschieben sich die Lagerschalen gegeneinander, weist das Lager noch Spiel auf. Wiederholen Sie die Einstellung. Stimmt das Spiel, richten Sie den Vorbau aus (gerade Linie Vorbau-Vorderrad). Ziehen Sie die Vorbauklemmschrauben mit einem Drehmomentschlüssel gleichmäßig an, halten Sie sich an die vorgegebenen Drehmomente. Kontrollieren Sie dann den verdrehsicheren Sitz, indem Sie das Vorderrad zwischen die Beine nehmen und versuchen, den Lenker gegenüber dem Vorderrad zu verdrehen.

6 Kontrollieren Sie, ob der Gabelschaft einen bis drei Millimeter unterhalb der Kante der Vorbauklemmung liegt, damit Sie das Lager justieren können. Legen Sie die Abdeckkappe wieder auf den Vorbau und setzen Sie die Schraube an. Drehen Sie die Schraube hinein, ziehen Sie diese aber keinesfalls an! Heben Sie das Rad am Oberrohr an, bis das Vorderrad frei drehbar ist und kontrollieren Sie, ob es leichtgängig von links nach rechts geschwenkt werden kann. Drehen Sie die Einstellschraube schrittweise an, bis ein erster Widerstand spürbar wird.

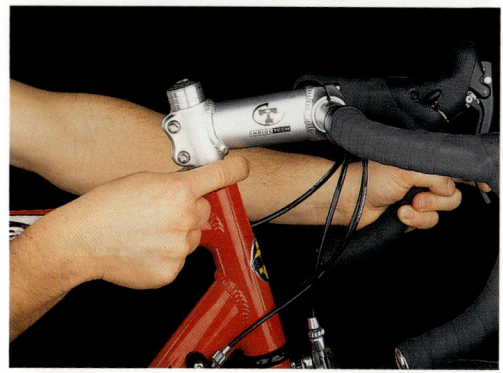

7

KONTAKTANZEIGE

Pedal und Schuh sollen so lange unzertrennlich bleiben,
bis der Radler die Verbindung auflösen will. Wenn Sie die Systempedale richtig einstellen und pflegen, klappt der Ein- und
Ausstieg jederzeit und zuverlässig .

Systempedale, bei denen der Radschuh mittels einer speziellen Platte unter der Sohle wie bei einer Skibindung einrastet, haben das Rennradfahren erheblich komfortabler gemacht. Richtige Montage und Einstellung vorausgesetzt, sind Ein- und Ausstieg kinderleicht: Gerade im Stadtverkehr mit vielen Ampel-Stopps ist das ein deutlicher Vorteil. Auch in kritischen Situationen können die Pedale den Fuß noch freigeben, wo die klassische Verbindung mit Haken und Riemen gnadenlos festgehalten hätte. Der Wegfall dieser früher üblichen Haken und Riemen hat noch weitere Vorteile: Beides kann nicht mehr auf den Fuß drücken und die Durchblutung stören.

Die feste Verbindung von Fuß und Pedal kann jedoch an anderer Stelle zu Problemen führen: Wenn die verbindende Pedalplatte unter der Schuhsohle nicht richtig eingestellt wird, können Schmerzen im Knie die Folge sein, weil der Fuß dann ungünstig steht und so das Knie in eine leicht verdrehte Stellung zwingt. Grundsätzlich sollte die Platte so auf dem Schuh befestigt werden, dass der Ballen des großen Zehs über der Mitte der Pedalachse steht. Die Füße müssen darüber hinaus ihre normale Haltung einnehmen können. Bei den meisten Sportlern stehen dann die Fersen leicht nach innen gerichtet. Die Grenze der seitlichen Bewegung nach innen bilden die Kurbelarme, denn weder die Knöchel noch die Fersen sollten daran streifen. Knieschonend sind Pedale mit Fußfreiheit, die durch eine auf dem Pedalkörper drehbar gelagerte Platte ermöglicht wird.

Für zufrieden stellende Funktion müssen die Platten einiger Modelle penibel an die Kontur der Schuhsohle angepasst, bei anderen gelegentlich geschmiert, und in machen Fällen aufgrund des Verschleißes regelmäßig ersetzt werden.

Einige Pedale bieten die Möglichkeit, die Auslösekraft einzustellen, die der Fahrer aufbringen muss, um den Fuß aus dem Pedal zu drehen. Anfangs sollten Sie die Auslösehärte eher weich einstellen. Später, wenn Sie mit der Funktion völlig vertraut sind, können Sie die Federvorspannung erhöhen, damit unbeabsichtigtes Auslösen in allen Situationen, etwa im Sprint oder beim Überspringen eines Schlaglochs, zuverlässig vermieden wird. Wichtig ist, dass Sie nach Einstell- oder Wartungsarbeiten den Auslösevorgang im Stand einige Male prüfen, bevor Sie auf die erste Tour gehen. Klemmt der Mechanismus, droht sonst ein unsanfter Abgang.

TIPPS & TRICKS

● *Denken Sie bei der Pedaldemontage daran, dass sich die Verschraubung meist ruckartig löst. Bringen Sie Ihre Hände in eine Ausgangsposition, aus der Sie nicht mit scharfen Kanten in Berührung kommen können. Sehr festsitzende Pedale kann man lösen, wenn man das Rad auf den Boden stellt, die Kurbel gut fixiert und mit festem Schuhwerk auf den Schlüssel tritt.*

● *Unterlegscheiben zwischen Pedalachse und Kurbelarm sind nur dann nötig, wenn die Pedalachse keinen Bund hat und Kanten die Oberfläche der Kurbel beschädigen könnten.*

● *Drehen Sie beim Einstellen der Schuhplatten die Federvorspannung des Pedals ganz zurück, so können Sie in das Pedal einrasten, auch wenn die Platte noch nicht vollständig fest gezogen ist.*

PEDALMONTAGE

So wird's gemacht

1 | Das rechte Pedal wird im Uhrzeigersinn eingedreht, es handelt sich um ein gebräuchliches Rechtsgewinde. Beim linken Pedal ist ein Linksgewinde üblich, damit sich das Pedal während der Fahrt nicht löst. Das Pedal wird entgegen dem Uhrzeigersinn eingedreht.

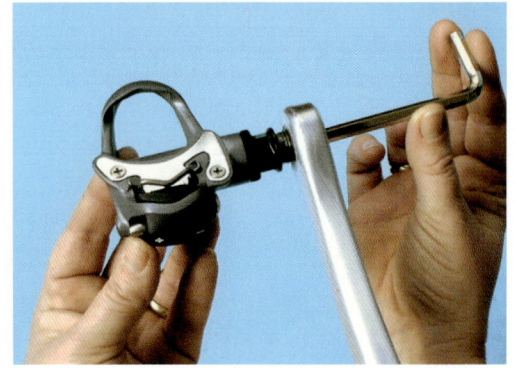

2 | Die Gewinde und die Anlaufflächen der Achse müssen gefettet werden, bevor Sie von Hand die Pedalachsen ansetzen.
Mit einem auf der Innenseite der Kurbel angesetzten Innensechskant lassen sich die Pedale schnell ein- und ausdrehen.

3 | Halten Sie die Kurbel mit einer Hand fest und ziehen Sie das Pedal mit einem Pedalschlüssel an, der verlängert oder gekröpft ist. So vermeiden Sie, dass Ihre Hände mit den scharfen Kanten des Kettenblattes kollidieren.

Pedale

SPEEDPLAY

So wird's gemacht

1 Der Pedalkörper und Mechanismus der X-Series-Platten muss regelmäßig gereinigt werden, damit die Federn nicht in den Taschen der Platte klemmen. Kontrollieren Sie die Federn auf Verschleiß. Wenn flächige Partien auf den Federn erkennbar sind, ist es Zeit für den Austausch.

2 Schmieren Sie die Federn mit einem Schmierstoff, der keinen Schmutz anzieht. Bewegen Sie die Federn einige Male, so dass der Schmierstoff verteilt wird. Wischen Sie überschüssigen Schmierstoff ab.

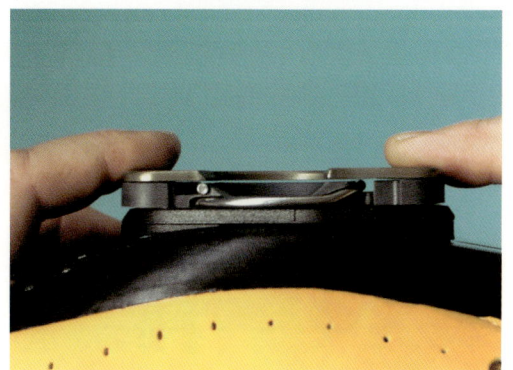

3 Die Plattenmontage kann aufwendig sein, da die Kontur exakt passen muss. Schon geringe Abweichungen blockieren den Mechanismus, der bei diesem Pedal in der Schuhplatte steckt.

4 Das System ermöglicht große seitliche Bewegungsfreiheit. Die Platte sollte so eingestellt werden, dass der Ballen über der Achse steht und der Vorderfuß beim Auslösen nicht mit der Kurbel kollidiert – sonst wird möglicherweise der Schuh nicht freigegeben.

LOOK

1 Look-Pedalplatten weisen im vorderen Bereich einen Verschleißindikator in Form einer kleinen Vertiefung auf. Ist die ausgeschliffen, wird es Zeit für den Austausch. Kontrollieren Sie nicht nur diesen punktförmigen Anzeiger, sondern auch den hinteren Bereich der Platte. Verschleiß an dieser Stelle kann dazu führen, dass die Platte bei heftigem Antritt bricht und der Fuß den Kontakt zum Pedal verliert.

2 Reinigen Sie die Schuhsohle im Bereich der Platten. Legen Sie die neuen Platten auf den Schuh und kontrollieren Sie, ob die Kontur zur Sohle passt. Unterschiede müssen ausgeglichen werden, sonst kann es passieren, dass der Schuh im Pedalmechanismus klemmt.

3

Stimmt die Kontur, richten Sie die Platte so aus, dass später der Fußballen über der Pedalachse steht und die Fersen leicht nach innen zeigen. Legen Sie zur Einstellung einen Winkel über die Platte – so erkennen Sie, wie die Schuhe zur Fahrtrichtung stehen.

Pedale

LOOK

So wird's gemacht

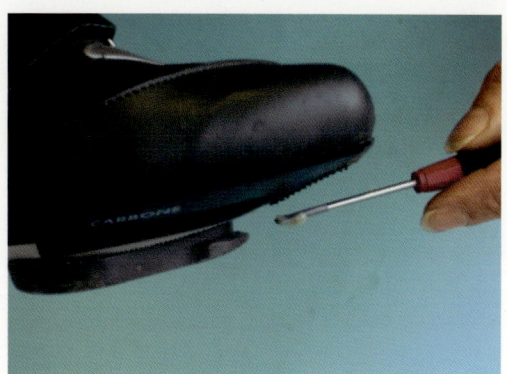

Die Auslösehärte kann bei vielen Look-Modellen eingestellt werden. Eine Anzeige verrät die jeweilige Vorspannung. Stellen Sie beide Pedale gleich ein.
Häufiges Problem bei Look-Pedalen sind Knarrgeräusche bei jedem Tritt, insbesondere bei fortschreitendem Verschleiß der Platten. Etwas Fett, oben auf der Plattenspitze verteilt, beseitigt das Problem.

4 Tragen Sie etwas Fett unter den Schraubenköpfen auf, nicht jedoch an den Gewinden, denn dort ist in der Regel Schraubensicherungs-Klebstoff aufgebracht. Drehen Sie die Schrauben ein und ziehen Sie diese an. Prüfen Sie die Position im Pedal, bevor Sie die Schrauben vollständig anziehen.

TIME

So wird's gemacht

1 Die Pedale selbst sollten gelegentlich gereinigt und die Federn mit einem Schmierstoff eingesprüht werden, der keinen Schmutz anzieht.

2 Bei Time-Pedalen ist eine gelegentliche Kontrolle der Schuhplatten ebenfalls erforderlich. Insbesondere vorne kann der Klotz durch häufigen Fahrbahnkontakt verschlissen werden.

SHIMANO SPD-R

So wird's gemacht

1 Deutlich einfacher als bei anderen Systemen kann die Stellung des Fußes eingestellt werden. Die Platte muss nur leicht angeschraubt werden, danach klickt der Fahrer ins Pedal ein und schiebt den Fuß in die passende Position. Die Platte kann dann von unten mit einem 4-mm-Innensechskant angezogen werden.

2 In der Dura-Ace-Version kann zudem seitliches Kippen vollständig ausgeschlossen werden. Drehen Sie dazu die 3-mm-Innensechskantschraube bei montiertem Schuh im Uhrzeigersinn, bis die Gummiauflage die Schuhsohle berührt. Zu viel darf diese Schraube jedoch nicht zugedreht werden, sonst wird der Schuh behindert, wenn der Fahrer die Verbindung auflösen will.

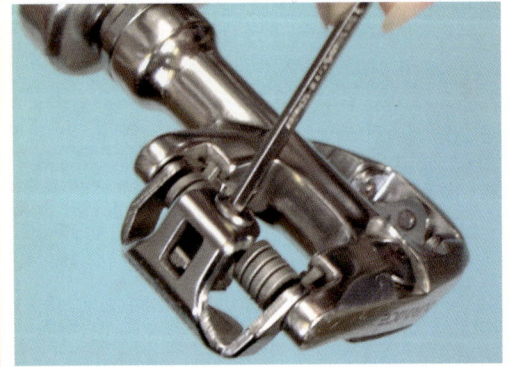

Die Federhärte wird auf der Unterseite variiert und im Kontrollfenster auf der Rückseite überprüft.

3

CAMPAGNOLO PROFIT

So wird's gemacht

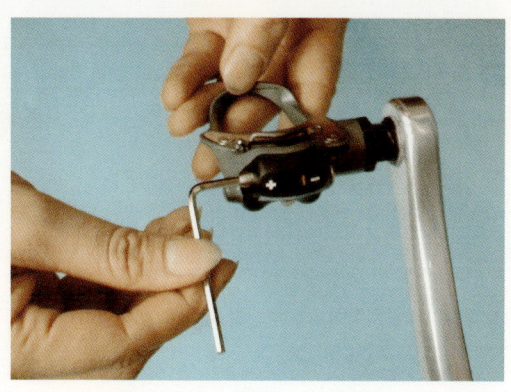

1

Nicht nur äußerlich ähneln die ProFit-Pedalplatten denen von Look, auch die Probleme sind die gleichen. Verschleiß führt zu wackeligem Stand auf dem Pedal und kann zu Knarrgeräuschen führen. Deshalb muss der Kunststoffteil der Platte ebenfalls geschmiert und regelmäßig ausgetauscht werden. Der Widerstand wird mit einem 3-mm-Innensechskant verstellt, die Anzeige im Heck des Pedals gibt über die Federhärte Auskunft.

PEDALPLATTEN-TAUSCH

So wird's gemacht

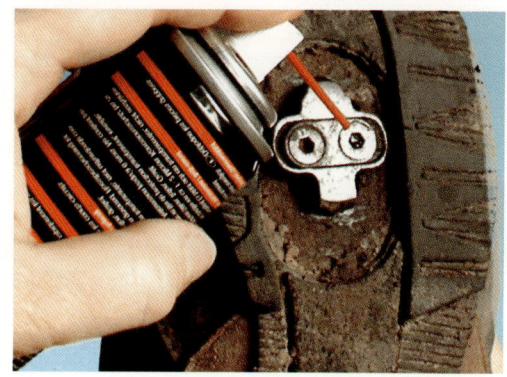

1 Reinigen Sie vor der Demontage den Bereich der Platte und die Verschraubungen. Achten Sie insbesondere darauf, dass die Werkzeugaufnahmen in den Schraubenköpfen den Schlüssel oder Schraubendreher vollständig aufnehmen können.

2 Sprühen Sie Kriechöl an die Schrauben und lassen Sie es einige Zeit einwirken, bevor Sie die Schrauben lösen.

WICKELKUNST

Beim Lenkerband zählt nicht nur die Optik — es sorgt auch für sicheren Griff am Lenker und schützt Hände und Gelenke. Ein paar wissenswerte Details über die verschiedenen Bänder und Tipps zum richtigen Wickeln.

Die Folgen sind zwar weniger gravierend, doch Lenkerbänder verschleißen am Rennrad genauso wie Reifen, Ketten und Bremsbeläge. Wer mehrere tausend Kilometer pro Jahr fährt und sein Rad öfter transportiert, muss damit rechnen, dass das Band mit der Zeit stark aufraut, verrutscht oder einreißt. Dann ist ein neues fällig, schließlich geht es nicht ohne. Denn Lenkerbänder sind nicht nur Kosmetik fürs Rad, sondern erfüllen auch wichtige Funktionen.

Daher sollte man beim Kauf auf Qualität achten. Griffigkeit bei Regen oder verschwitzten Händen ist ein Kriterium. Ein anderes ist eine gleichmäßige Polsterung durch das Lenkerband. Sie soll die permanenten kleinen Stöße und Vibrationen filtern, denen die Hände während der Fahrt ausgeliefert sind. Die Hände schmerzen dann weniger und schlafen nicht so leicht ein. Das wissen auch die Profis zu schätzen. Vor einem Rennen über Kopfsteinpflaster wie bei Paris-Roubaix, wo sie besonders durchgeschüttelt werden, lassen sich viele ihre Lenker gleich mit zwei Lagen Band umwickeln.

Beim Material gibt es eigentlich nur drei Alternativen in den Radläden: Bänder aus Geweben wie Baumwolle, Kunststoff – Pelton genannt – und Kork. Bis vor 20 Jahren verwendete man ausschließlich Baumwollbänder. Sie sind auch heute noch preisgünstig, haben aber den Nachteil, dass sie schnell speckig

und schmutzig werden und keine Polsterung bieten. Daher empfehlen sich Gewebebänder vor allem als griffiger Untergrund unter dem eigentlichen Lenkerband. Erstaunlicherweise fahren spanische Profi-Teams einen modernen Nachfahren dieses Materials: Das strukturierte Plastikband lässt sich am ehesten mit dem Band vergleichen, das bei großen Firmen maschinell um Pakete geschlungen und dann an den Enden zusammengeschweißt wird. Ebenso wie der Baumwoll-Urahn dämpft es jedoch kaum und ist nicht besonders griffig. Dass es sich sehr leicht reinigen lässt und wahrscheinlich lange hält, ist da ein schwacher Trost.

Ebenso einfach zu reinigen und sogar leicht gepolstert ist das Pelton-Band. Allerdings ist der Kunststoff bei Nässe etwas rutschig und daher selbst bei einem Preis von unter zehn Mark für sportlichen Einsatz keine Empfehlung mehr.

Die vergleichsweise besten Eigenschaften besitzen die so genannten Korkbänder, die in den vergangenen zehn Jahren den Rennradlenker erobert haben. Der Begriff »Korkband« ist allerdings etwas irreführend, da nur noch einige dieser Bänder einen geringen Anteil von ungefähr zehn Prozent des natürlichen Korkmaterials enthalten. Sie bestehen hauptsächlich aus geschäumtem Kunststoff, der durch mikroskopisch kleine Bläschen stoßdämpfende Eigenschaften und eine angenehm raue Oberfläche besitzt.

Zusammenfassend kann man festhalten: Die Bänder kosten etwa zwischen 17 und 20 Mark – mit Ausnahme des Produkts von Modolo, das nur mit rund 10 Mark zu Buche schlägt. Eine Packung enthält normalerweise je zwei aufgerollte Bänder, zwei Deckel für das Lenkerrohr, zwei Abschlussbänder und zwei zusätzliche Stücke für den Bremsgriffbereich. Sind letztere nicht vorhanden, müssen die Lenkerbänder lang genug sein, damit man etwas davon abschneiden kann.

Die Erfahrung zeigt, dass die Qualitätsunterschiede auch bei Bändern einer Marke recht groß sein können – manchmal größer als zwischen den verschiedenen Marken. Es kann also durchaus passieren, dass man mit einem Band beispielsweise kein gleichmäßiges Wickelbild erzielt, dies aber mit einem Band gleicher Marke beim nächsten Mal gelingt.

Bei allen gängigen Bändern, die in der TOUR-Werkstatt bereits zum Einsatz kamen, reichte die Länge (mindestens 1,70 Meter) für eine Lenkerwicklung aus. Ein längeres Band hat aber den Vorteil, dass man nicht so punktgenau wickeln muss – für Anfänger ist das besonders wichtig. Ein besonders langes – und sehr preiswertes – Lenkerband hat die Firma Modolo im Angebot. Dessen dreilagiger Materialaufbau aus einem Latex-Aktivkohle-Gemisch, einem Zellulosegewebe und einer Deckschicht aus Polyurethan soll darüber hinaus besonders schweißabsorbierend und griffig sein. Anfangs fühlt es sich tatsächlich gut an – doch die oberste Schicht reibt sich viel zu schnell ab, das Band wird unansehnlich und löst sich auf.

Unzulänglichkeiten der Lenkerbänder stecken meistens im Detail: Gelegentlich sind die Abschlussbänder wenig geeignet, um die Lenkerbänder am Ende zu befestigen: Manche sind zu kurz, andere werfen Falten oder sind zu breit. Meistens ist ein gut klebendes Isolierband aus dem Baumarkt die bessere Alternative.

Nicht zuletzt spielt die Optik eine Rolle bei der Wahl des Lenkerbandes, es kann das i-Tüpfelchen beim Raddesign ausmachen. Die Farbwahl ist zwar Geschmackssache, doch sollte man bedenken, dass schnell Schmutz in die Poren des Materials dringt. Wie farbecht ein Band ist, erkennt man an der Schnittkante: Nur wenn es komplett durchgefärbt ist, behält das Band seine Farbe.

LENKERBAND

So wird gewickelt

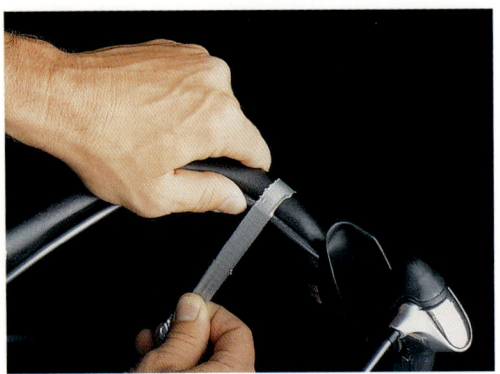

1 Ein Lenkerband zu wickeln, erfordert Übung. Verzweifeln Sie deshalb nicht, wenn Sie das Band wieder ein paar Zentimeter abwickeln müssen. Selbst Profis wickeln das Band gelegentlich zwei- bis dreimal ab, bis es perfekt sitzt. Und das sollte es, ansonsten wirft es Falten oder verrutscht beim Fahren. Vermeiden Sie auf alle Fälle den häufig gemachten Fehler, das Band von oben aus der Lenkermitte heraus zu wickeln. Dies sieht zwar auf den ersten Blick schöner aus, aber das Band verrutscht im hochbelasteten Bereich des oberen Lenkerbogens deutlich schneller als bei der gezeigten Methode.

Moderne Lenker besitzen Führungsrillen, in denen die Bowdenzüge liegen – und die später vom Lenkerband verdeckt sind. Drücken Sie zunächst die Züge in diese Rille, so dass sie spannungsfrei liegen, auch wenn der Lenker eingeschlagen wird. Fixieren Sie die Außenhüllen der Züge auf jeder Lenkerseite an drei Stellen mit dünnem Klebeband. Beginnen Sie am Bremsgriff, und befestigen Sie das letzte Stück Klebeband an der Stelle, wo die Führungsrille des Lenkers endet.

2 Klappen Sie die Bremsgriffgummis nach vorne um. Entfetten Sie den Lenker zum Beispiel mit Spiritus und lassen Sie das Reinigungsmittel vollständig verdampfen. Kleben Sie zwei parallel zueinander verlaufende Bahnen grobes Gewebeband (zum Beispiel Tressostar) auf den Oberlenker. Dieser Untergrund verhindert, dass das Lenkerband schnell verrutscht. Bei Bändern von Profile, die zum Teil noch ohne Klebestreifen ausgeliefert werden, sollten Sie dafür doppelseitiges Klebeband verwenden.

TIPPS & TRICKS

● *Die Lebensdauer von Rennlenkern und Vorbauten ist nicht unbegrenzt. Zu Ihrer eigenen Sicherheit sollten Sie daher nach einem Sturz stets ein neues Lenkerband wickeln und bei dieser Gelegenheit den Lenker gründlich auf mögliche Sturzschäden überprüfen. Tauschen Sie im Zweifelsfall auch den Lenker aus!*

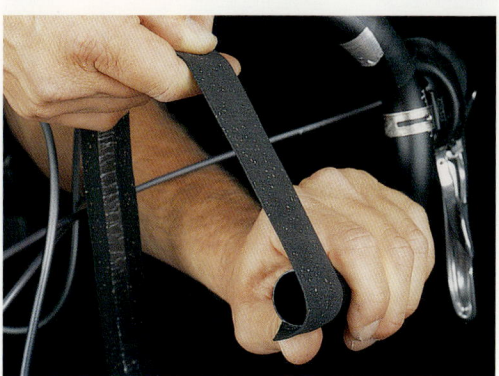

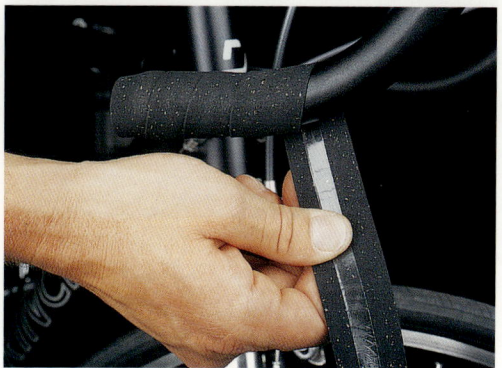

3 Entfernen Sie vorsichtig die Schutzfolie vom Klebestreifen auf der Rückseite des Lenkerbandes. Wenn Sie die Folie nicht am Anfang, sondern ein paar Zentimeter weiter innen hochheben und abziehen, vermeiden Sie, dass sich der Klebestreifen vom Lenkerband löst. Setzen Sie das Lenkerband unten am Lenkerende leicht schräg an und lassen Sie etwa eine halbe Bandbreite nach außen überstehen. Halten Sie den Anfang fest und wickeln Sie das Band eine Umdrehung um den Lenker. Kontrollieren Sie, ob das Band auf dem gesamten Umfang mindestens drei bis vier Millimeter über das Lenkerende hinaussteht. Ist dies nicht der Fall, müssen Sie neu ansetzen.

4 Halten Sie das Band stets straff und wickeln Sie es um den Unterlenker Richtung Bremsgriff. Legen Sie die einzelnen Wicklungen so übereinander, dass sich das Band ungefähr ein Viertel bis ein Drittel überlappt. Die Grenze ist üblicherweise der Klebestreifen. Überlappt das Band zu weit, wird die Oberfläche wellig.

In den Lenkerbögen orientieren Sie sich an der Außenkurve. Hier muss sich das Band gerade noch überlappen. Innen liegt das Band wegen des kürzeren Wegs etwas weiter übereinander. An der Unterkante des Bremsgriffs sollte das Band den Griff etwas überdecken. Bei Campagnolo-Ergopower-Griffen ist ein Spalt zwischen Griff und Lenker vorhanden, durch den das Band durchgeführt werden kann.

5

6 Wickeln Sie über die Befestigungs-
schelle hinweg nach oben und
schauen Sie, wo Sie das zusätzlich
mitgelieferte kurze Stück Band
positionieren müssen, damit keine
freien Lenkerbereiche verbleiben.
Lösen Sie dann das Band wieder
bis unter den Bremsgriff und kleben
Sie das Bandstück an diese Stelle:
Stecken Sie die Enden des noch
zu langen Stücks unter die
umgeklappten Bremsgriffgummis.

7 Ziehen Sie das Band straff nach
oben und achten Sie bei der
nächsten Umdrehung darauf,
dass das Band zusammen mit dem
Griffgummi auch oberhalb des
Griffes den Lenker und den
Griffkörper komplett bedeckt.

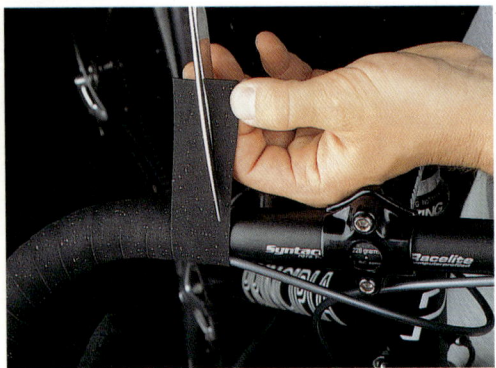

Halten Sie das Lenkerband immer
straff und wickeln Sie es gleichmäßig um den Oberlenker bis zum
Beginn der verdickten Lenkerman-
schette. Halten Sie das Band weiter
in Wickelrichtung und schneiden
Sie das überschüssige Band auf
Höhe der Verdickung mit einer
Schere schräg ab, so dass das ver-
bleibende Ende keilförmig ausläuft.
Kürzen Sie das Band auf keinen Fall
mit einem Messer auf dem Lenker,
die Kerben können irgendwann
zum Lenkerbruch führen!

8

9 Legen Sie das keilförmige Bandende so um den Lenker, dass sich ein gerader Abschluss bildet, der senkrecht zum Oberlenker verläuft. Kleben Sie das Band dann mit dem mitgelieferten Abschlussband oder mit Isolierband fest.

10 Kontrollieren Sie, wie weit sich das zusätzliche Bandstück am Bremsgriff und der Griffgummi überlappen. Kürzen Sie die zu langen Enden, damit der Griffgummi nicht unnötig ausbeult. Besonders elegant sieht dieser Bereich aus, wenn Sie die dünneren Stellen des Bandstücks in Originallänge belassen und nur den verdickten und mit dem Klebestreifen versehenen Mittelbereich entsprechend kürzen. Achten Sie auch darauf, dass eventuell vorhandene Verzahnungen zwischen Gummi und Griff durch das Band nicht wirkungslos werden.

11

Schieben Sie das überstehende Ende des Bandes mit den Fingern in das Lenkerinnere und drücken Sie den Endstopfen in das Rohr. Der Stopfen wird durch das nach innen geklappte Band gehalten. Sollte der Stopfen wegen eines zu geringen Bandüberstandes nicht halten, wickeln Sie zwei bis drei Lagen grobes Gewebeband um den Stopfen.

KONTAKTSUCHE

Neue Felgen- und Gabelformen sowie exotische Speichen vereiteln mitunter die Montage von Radcomputern. Mit nachfolgenden Tricks zaubern Sie dennoch präzise Zahlen auf die Anzeige .

So lange sie funktionieren, sind Radcomputer eine feine Sache, denn sie machen sportliche Leistung messbar. Die Anzeige von Momentan-, Durchschnitts- und Maximalgeschwindigkeit gehört heute genauso zum Standard der kleinen, handlichen Elektrogehirne wie eine 24-Stunden-Uhr oder die Messung der Tages- und Jahreskilometer. Was auch immer man mit diesen Informationen anfängt – »100 Kilometer im 33er-Schnitt« klingt nun mal besser, als wenn man nur sagen kann, man sei drei Stunden schnell Rad gefahren. Wer sich so ein Mäusekino anschafft, will es genau wissen. Umso ärgerlicher ist es, wenn die Anzeige ungenau ist oder der Computer sogar ganz streikt.

Die häufigsten Funktionsstörungen lassen sich in der Regel in Eigenregie beheben, denn die Technik ist weit weniger kompliziert als vielfach angenommen: Ein Magnet, der an den Speichen befestigt ist, erzeugt in einem an der Gabel angebrachten Geber Impulse, die über Kabel oder Funk an den Rechner übermittelt werden. Der Impulsgeber funktioniert so einfach wie ein Lichtschalter: Es fließt nur dann Strom – und nur dann erhält der Computer Informationen – wenn sich zwei Kabel im Impulsgeber berühren. Das wiederum bewirkt der Magnet, der bei jeder Umdrehung des Rades am Impulsgeber vorbeiläuft und die beiden dünnen Drähte für einen kurzen Moment zusammenzieht. Ist der Magnet wieder weg, biegt sich der Draht zurück, der Stromkreis ist wieder unterbrochen. Damit dieser Mechanismus richtig funktioniert, ist es besonders wichtig, dass Magnet und Impulsgeber genau so befestigt werden, wie der Hersteller es vorgesehen hat. Dieser hat am Impulsgeber meist Kerben oder Striche angebracht, die die optimale Kontaktstelle zum Magneten kennzeichnen. Bei jeder Umdrehung sollte die Mitte des Magneten genau über diese Markierung streichen. Wichtig ist auch der Abstand, ein bis zwei Millimeter sind optimal. Bei größerer Distanz kann sich der Stromkreis nicht schließen, bei kleinerem Abstand streift beim Wiegetritt der Magnet am Geber.

Die Bedienungsanleitungen der Radcomputer sind zwar meistens ausführlich, dennoch tauchen immer wieder Probleme beim Einsatz der Geräte auf. Zu den häufigsten gehören die von Computer zu Computer unterschiedlichen Daten, die angezeigt werden – was bei gemeinsamen Radausfahrten mit Freunden besonders auffällt. Unterscheiden sich Momentangeschwindigkeit oder Fahrstrecke, liegt es meist an nicht exakt programmierten Radumfängen. Differenzen in der Durchschnittsgeschwindigkeit am Ende einer Radtour haben ihre Ursache dagegen eher in der selbsttätigen Start- und Stoppfunktion der aktuellen Computer. Diese Funktion stoppt die Zeitmessung automatisch, wenn der Radfahrer für längere Zeit – zum Beispiel an einer Ampel – anhält. Wann sich der Computer jeweils abschaltet, ist von Hersteller zu Hersteller verschieden und kann nicht verändert werden. Die Durchschnittsgeschwindigkeit ist am Ende umso niedriger, je später die Uhr anhält. Sind allerdings die Zahlen auf der Anzeige schlecht lesbar oder fallen einzelne Segmente ganz aus, ist die Batterie leer. Bevor man sie erneuert, ist es sinnvoll, den Computer erst einige Minuten ohne Batterien liegenzulassen, damit sich jede Restspannung abbauen kann.

Bringt man den Computer gar nicht zum Laufen, gibt es verschiedene Ursachen. Wir haben die häufigsten Spezialprobleme zusammengestellt und sagen, wie man sie löst.

TIPPS & TRICKS

● *Magnete von Sigma-Computern eignen sich aufgrund ihrer länglichen Form auch für viele Flachspeichen.*
● *Funktionsstörungen bei drahtlosen Geräten können schwache Batterien im Geber an der Gabel oder im Empfänger am Lenker zur Ursache haben. Gelegentlich muss die Funkverbindung auch eigens aktiviert werden. Einzelne Geräte haben dafür versenkt angebrachte Knöpfchen im Gehäuse.*

MAGNETE UND KONTAKTE

So wird's gemacht

1 Nicht immer passt der Magnet, der zu Ihrem Computer gehört, auf spezielle Laufräder mit hohen Felgen oder radialen Speichen. Probieren Sie einfach die Magnete anderer Computerhersteller aus, die man häufig einzeln kaufen kann.

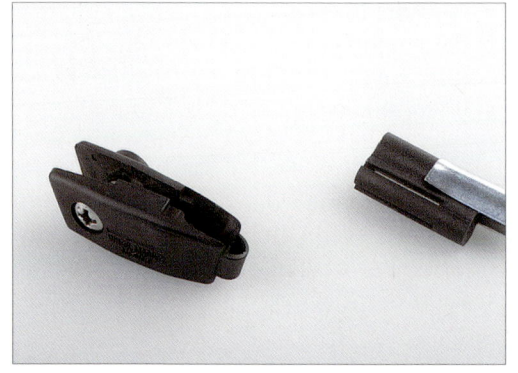

2 Beim Modell des Herstellers Sigma muss man ein Blech als Befestigung über den Speichenmagnet schieben. Achten Sie darauf, dass Sie das Blech auf der Speichenseite über den Kunststoff schieben, denn auf der anderen Seite würden Sie den Magneten abschirmen – häufig ein Grund dafür, dass sich der Kontakt nicht schließt.

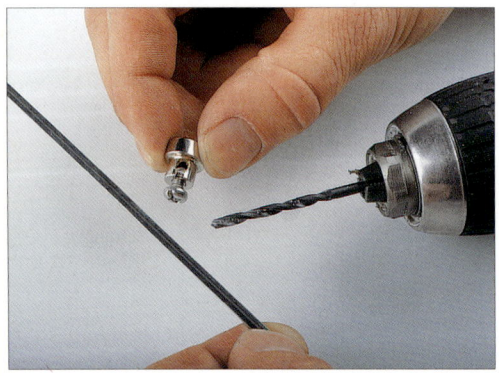

3 Bei Messerspeichen scheitern alle handelsüblichen Magnete. Die praktikabelste Lösung ist es, den Magneten von Ciclomaster aufzubohren, so dass er sich auf die Messerspeichen schieben und festschrauben lässt.

4 Auch bei faserverstärkten Kunststofflaufrädern kann man Magnete nicht nach der Bedienungsanleitung befestigen. Am einfachsten wird der Magnet mit Isolierband aufgeklebt. Achten Sie darauf, dass Sie das Band möglichst glatt verkleben, denn Kanten erzeugen Verwirbelungen.

Radcomputer

5 Aerodynamische Renngabeln und Federgabeln haben einen größeren Querschnitt, die mitgelieferten Schellen zur Befestigung des Impulsgebers können dann zu kurz sein. In der Regel sind größere Schellen als Zubehör erhältlich. Gibt es sie nicht oder reicht die Größe nicht aus, sind Kabelbinder eine gute Befestigungsalternative. Bei einigen Computern werden sie serienmäßig mitgeliefert. Ist der Abstand zwischen Geber und Magnet zu groß und beide können nicht verschoben werden, bringen eine oder mehrere Lagen Gummi Besserung. Zudem verhindert eine Gummiunterlage (zum Beispiel aus einem alten Schlauch), dass der Geber verrutscht.

6 Manchmal sind auch nur verbogene oder korrodierte Kontakte der Grund dafür, dass der Computer nicht funktioniert. Mit einem kleinen Schraubendreher lassen sich die Kontakte freikratzen und vorsichtig zurückbiegen.

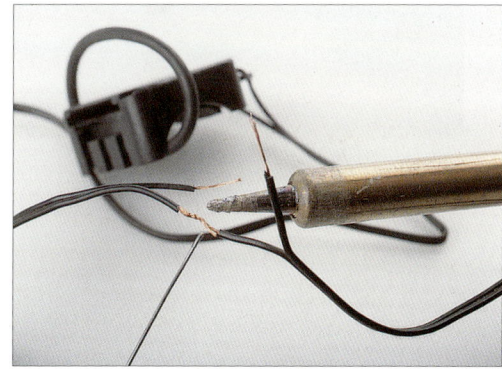

7 Abgerissene oder durchgescheuerte Kabel können Sie ohne Funktionsverlust wieder zusammenlöten. Nach dem Verlöten müssen die beiden Leitungen einzeln voneinander isoliert werden. Zu kurze Kabel können durch eingelötete Stücke verlängert werden, wenn vonseiten des Herstellers kein längeres Kabel verfügbar ist.

GLANZLEISTUNG

Kratzer und Steinschläge stören nicht nur die makellose Optik des Renners — wenn man nichts dagegen tut, kann Korrosion Schäden anrichten. Hier steht, wie man Macken im Lack, in Eloxal, Chrom und Pulverbeschichtungen beseitigt.

Glänzen muss es, leuchten und blinken: Ein schönes Rennrad strahlt nochmal so viel Faszination aus, wenn es tadellos sauber und gepflegt ist. Doch auch bei vorsichtigstem Umgang mit dem edlen Stück lässt sich im Laufe der Jahre kaum vermeiden, dass Kratzer und Macken die makellose Oberfläche verunzieren. Schmutz und Flecken lassen sich leicht abputzen – Schäden im Lack, der Pulver- oder Eloxalschicht nicht. Doch gerade deren Beseitigung ist dringend notwendig: Ist die Schutzschicht erst einmal durchdrungen, beginnt sofort die Korrosion. Tropft dann regelmäßig Schweiß auf die Stelle, der

Inhalt der Trinkflasche oder gelegentlicher Regen, wuchert dort in kürzester Zeit ein veritabler Korrosionsherd.

Behebt man den Schaden sofort, ist der Aufwand gering. Bevor die Ausbesserungsarbeit beginnen kann, muss man sich allerdings auf die Suche nach dem passenden Farbton machen, denn nur wenige Radhersteller liefern Lackstifte in den Originalfarben. Am ehesten wird man im Autozubehör-Handel fündig. Autolacke werden dort als Lackstifte angeboten, in deren Kappe gleich ein sehr feiner Pinsel eingebaut ist. Angesichts von über 10.000 Autolack-Farbtönen ist die Chance relativ groß, die passende

Farbe fürs Rad zu finden. Ist Ihr Rad pulverbeschichtet, kann die Suche nach der passenden Farbe einfacher sein: Die Pulver-Farbtöne entsprechen der genormten und weit verbreiteten RAL-Farbkarte.

Vor Arbeiten am Lack muss das Fahrrad gründlich gereinigt werden. Dies geschieht am besten von Hand – verwenden Sie Wasser mit ein paar Spritzern Spülmittel, um Öl und Fett zu lösen. Kleinste Beschädigungen finden Sie eventuell sogar erst am sauberen Rad! Spülen Sie mit klarem Wasser nach und lassen Sie das Rad gut abtrocknen.

ELOXAL

So wird's gemacht

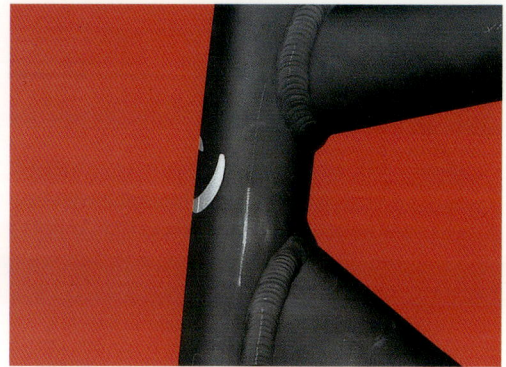

1 Kratzspuren in der anodisierten Oberfläche von Aluminiumrahmen sind oft weniger dramatisch als es auf den ersten Blick aussieht. Blanke Stellen entpuppen sich oft als Abrieb von Fremdkörpern in der harten Schutzschicht.

2 Verwenden Sie spezielles Eloxalpflegemittel und verreiben Sie es mit einem Baumwolllappen längere Zeit auf der entsprechenden Stelle. Abrieb und Verschmutzungen in der Oberfläche werden so herausgelöst, die Poren versiegelt.

3 Nach der Kur erstrahlt die gesamte Oberfläche in mattem Glanz. Lässt sich der Defekt nicht herauspolieren, muss die Stelle entfettet und mit schützendem Lack versiegelt werden.

PULVERLACK

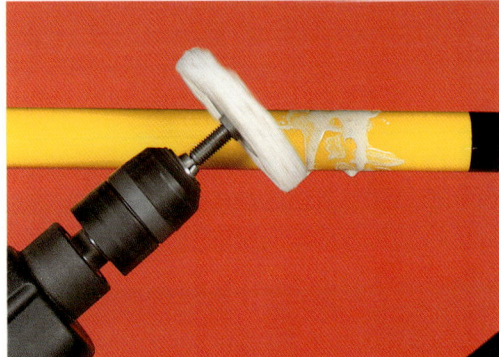

1 Kleinere Kratzer in einer Pulverbeschichtung polieren Sie mit flüssiger Lackpolitur heraus. Tiefe Beschädigungen können, wie bei Nasslack beschrieben, mit handelsüblichen Lacken repariert werden. Der Politur-Flüssigkeit sind Festkörper beigemengt, welche die oberste Lackschicht hauchdünn abtragen, dabei Unebenheiten glätten und dadurch neuen Glanz verleihen. Noch härter gehen Lackreiniger vor. Sie enthalten mehr aggressives Schleifmittel und eignen sich daher auch zum Aufarbeiten sehr stumpfer Lacke.

2 Bringen Sie etwas Lackreiniger oder Politur auf die Rahmenoberfläche. Bearbeiten Sie den Bereich mit einer rotierenden Schwabbelscheibe. Den Poliervorsatz gibt es sowohl für Bohrmaschinen als auch für Winkelschleifer. Bewegen Sie die Maschine hin und her, damit zu allen Seiten hin weiche Übergänge entstehen. Das Poliermittel muss nicht nur verteilt werden – es muss die Lackschicht regelrecht abschmirgeln können. Benetzen Sie die Stelle bzw. die Scheibe daher mehrfach mit frischem Mittel.

3 Wenn Sie den Schaden herauspoliert haben, sollten Sie die Oberfläche sofort wieder vor Witterungseinflüssen schützen. Versiegeln Sie am besten gleich den ganzen Rahmen mit flüssigem Hartwachs. Bringen Sie hierzu mit einem Lappen eine dünne Schicht auf den ganzen Rahmen auf. Verwenden Sie in den Ecken und Kanten etwas mehr Wachs, damit dort keine Spaltkorrosion beginnt.
Polieren Sie nach dem Ablüften die nun matte Wachsoberfläche mit einem sauberen und weichen Lappen. Nach dem Entfernen dieser Schicht glänzt der Pulverlack wieder wie neu.

Lackschäden

CHROM

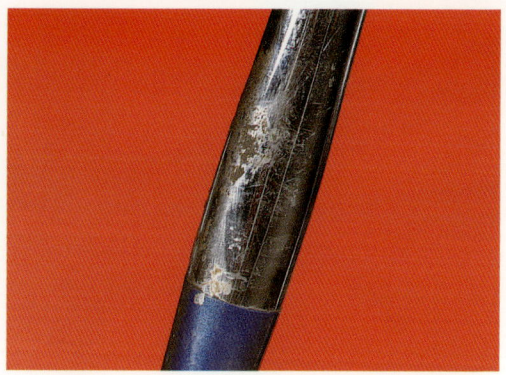

1 Oft befinden sich an der Oberfläche einer Chromschicht größere Rost-stellen, die Schlimmes befürchten lassen, während der eigentliche Rostherd relativ klein ist. Rost, der sich auf der Oberfläche des Chroms ausgebreitet hat, lässt sich leicht ent-fernen. Ist die Chromoberfläche re-gelrecht zerfurcht, hilft kein Polieren mehr. Um weitere Schäden zu vermeiden, müssen Sie gegebenen-falls diesen Bereich vom abgelösten Chrom befreien und das Metall wie bei den Lackarbeiten beschrieben versiegeln.

2 Entfernen Sie stark anhaftenden Schmutz und Rost mit Stahlwolle. Wichtig ist, dass Sie die Faserrichtung der Stahlwolle beachten. Diese sollte quer zur Bewegungsrichtung während des Polierens verlaufen, sonst schabt die Wolle Riefen in das Material.

3 Nach der Grobbehandlung muss möglicherweise, wie unter dem Punkt »Pulverlack« beschrieben, kräftig poliert werden. Auf alle Fälle wird die Oberfläche zum Abschluss der Chrom-Kur mit Wachs versiegelt.

So wird's gemacht

1 Kleinere Kratzer in Nasslackschichten können, wie schon beschrieben, herauspoliert werden. Allerdings platzt Nasslack eher ab, als dass sich tiefe Kratzer ergeben. Entfernen Sie in diesen Fällen zuerst die losen Lackpartikel rund um die Schadensstelle mit einem Schraubendreher oder einem Dreikantschaber. Ist die Stelle rostfrei, kann sofort lackiert werden. Wenn die Stelle angerostet ist, muss die Korrosion erst entfernt werden – die Metalloberfläche muss vollständig blank sein. Bei kleinen Schäden erledigen Sie dies punktgenau mit einem Glasfaser-Radierstift.

2 Größere Flächen müssen Sie mit grobkörnigem Schleifpapier vorbereiten. Der zu lackierende Bereich muss so lange bearbeitet werden, bis er möglichst glatt wird. Eventuell vorhandene Mulden oder Poren im Material müssen vollständig vom Rost befreit werden. Verwenden sie hierzu den Radierstift. Glätten Sie abschließend mit Schmirgelpapier mit feinerem Korn.

Reinigen Sie die Stelle mit Alkohol oder Verdünnung, damit der Untergrund fettfrei wird. Grundieren Sie die getrocknete Stelle mit mindestens einer dünnen Schicht Lackgrund. Bei mehreren Schichten sollten Sie diese jeweils gut ablüften lassen. Dies ergibt einen guten Haftgrund und vermeidet, dass der Umgebungslack durch zu viel Lösungsmittel aufgeweicht wird. Schleifen Sie die vollständig getrocknete Grundierung bei größeren Flächen vorsichtig mit 400er-Schleifpapier, bis die Fläche glatt ist.

3

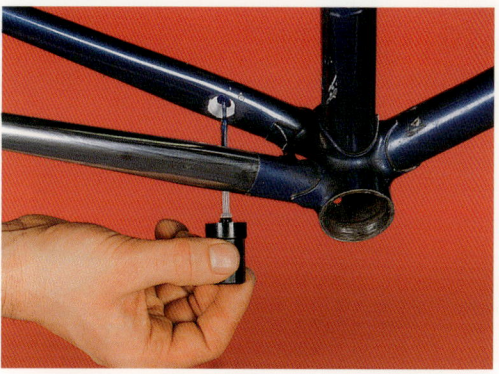

4 Tragen Sie abschließend die Farbschicht mit dem Pinsel dünn auf. Auch hier empfiehlt es sich, mehrere Lackschichten aufzubauen. Halten Sie sich an die Herstellerempfehlung hinsichtlich der Ablüftzeit und der benötigten Temperatur. Allgemein sollten Lackierarbeiten nicht bei Temperaturen unterhalb von 15 Grad Celsius durchgeführt werden.

5 Bei Metallic-Lacken besteht die Deckschicht aus Klarlack. Diese verleiht den abschließenden Glanz. Wenn Sie eine gleichmäßige Oberfläche erzielen wollen, müssen Sie die getrocknete Reparaturstelle mit sehr feinem Schmirgel glätten. Verwenden Sie ein Nassschleif-Papier der Körnung 800 oder 1000. Schneiden Sie einen schmalen Streifen ab und schleifen Sie kreuzweise mit nassem Papier. Abschließend müssen Sie die Stelle mit Politur wieder zum Glänzen bringen und mit Wachs versiegeln. In den meisten Fällen lohnt sich der Mehraufwand nicht. Achten Sie deshalb beim Ausbessern eher auf einen gleichmäßig dünnen Farbauftrag.

TIPPS & TRICKS

● *Schützen Sie den Lack auf der Kettenstrebe vorsorglich mit durchsichtiger Klebefolie. Auch am Steuerrohr schützt solche Folie den Lack vor Scheuerstellen durch die vorbeilaufenden Bowdenzüge.*
● *Bessern Sie kleine Lackschäden frühzeitig aus. Die Komplettlackierung des ganzen Rahmens kostet mindestens 200 Mark.*
● *Regelmäßige Radwäsche beugt Korrosion vor!*

RUHE, BITTE

Knack- und Knarrgeräusche am Rad stören gewaltig – und oft liegt die Lärmquelle im Bereich des Innenlagers. So stellen Sie den Krach ab.

Knick-knack, knick-knack, knick-knack: Bei jedem Tritt wiederkehrende Geräusche aus dem Rad nerven beim Fahren ungeheuer – und bei kaum einem anderen Defekt ist die Motivation so groß, die Ursache so schnell wie möglich abzustellen. Das Problem ist dabei meistens, die Geräuschquelle treffsicher zu orten. Es handelt sich in der überwiegenden Zahl der Fälle ja nicht um einen offensichtlichen Materialdefekt, sondern um mikroskopisch kleine Bewegungen zwischen zwei Bauteilen. In Frage kommen nahezu alle Bauteile des Rades, da Rahmen, Sattel, Stütze, Lenker, Vorbau, Kurbeln oder Pedale durch die Tretkräfte und die Stöße, die von Fahrbahnunebenheiten ausgehen, ständig in Bewegung sind.

Schon eine leicht veränderte Belastung eines Bauteils kann die Entstehung des Geräusches verhindern. Erschwerend für die Fehlersuche kommt hinzu, dass sich der Schall über den gesamten Rahmen ausbreitet und man das Übel manchmal nur schwerlich lokalisieren kann. Um fündig zu werden, muss auf einer ruhigen, unbelebten Straße systematisch nach der Geräuschquelle gefahndet werden.

Lassen Sie zuerst den Lenker los, fahren Sie freihändig und treten Sie mit wechselndem Krafteinsatz weiter. Ist das Geräusch weg, kann es daran liegen, dass der Lenker-Vorbaubereich der Verursacher ist. Halten Sie an, greifen Sie den Lenker an den Bremsgriffen, drücken und ziehen Sie abwechselnd an den Griffen. Lassen sich die Geräusche dabei nicht wieder erzeugen, kommt die veränderte Belastung des Sattels beim Freihändigfahren in Frage.

Treten Sie mit unterschiedlicher Intensität in die Pedale und lassen Sie das Rad dazwischen immer mal wieder kurze Strecken antriebslos rollen. Verstummen die Geräusche wenn Sie im Sattel aufstehen, liegt die Ursache im Sattelbereich. Tritt das Geräusch sowohl im Wiegetritt als auch beim Treten im Sitzen auf, nicht aber wenn die Pedale in Ruhe sind, können Sie davon ausgehen, dass ein Teil im Bereich der Schuhe, der Pedale oder der Kurbeln die Geräuschquelle ist. Wenn Sie schließlich den Tretlagerbereich als Lärmzentrum geortet haben, können Sie sich an die Detailsuche machen, die von innen nach außen durchgeführt wird, wie die folgenden Schritte zeigen.

INNENLAGER PRÜFEN

So wird's gemacht

1 Beginnen Sie mit den Pedalen. Ziehen Sie zunächst die Verschraubung nach. Beachten Sie, dass das linke Pedal Linksgewinde hat, also linksherum nachgezogen werden muss. Verwenden Sie einen langen Gabelschlüssel, oder ein Werkzeug, das leicht gekröpft ist, damit Ihre Hände nicht in den Gefahrenbereich der spitzen Zähne des Kettenblattes gelangen. Nehmen Sie das Pedal in die Hand und bewegen Sie es in verschiedenen Richtungen zur Pedalachse. Kippt das Pedal, oder lässt es sich in Achsrichtung verschieben, muss es zerlegt und zumindest mit Fett geschmiert werden. In einigen Fällen helfen nur neue Lager.

2 Bei Look-Pedalen treten häufiger Knarr- oder Quietschgeräusche auf, deren Ausgangspunkt der Bereich der Schuhplattennase ist. Abhilfe schafft etwas Fett, das innen in der Pedalspitze verteilt wird. Bei einigen Pedalen, vor allem den Exemplaren mit Gleitlagerung, dringt mit der Zeit Schmutz ein und die Pedale bekommen Spiel. Beide Faktoren können zu Lärm führen.
Durch abgenutzte Platten können genauso Geräusche entstehen wie durch Schuhplatten, die in der Kontur nicht ganz zur Sohle passen, denn diese verziehen sich, wenn die Schrauben angezogen werden. Kontrollieren Sie den flächigen Sitz und ziehen Sie die Schrauben nach.

3 Erster Schritt gegen Knackgeräusche im Tretlagerbereich ist eine Wachs-kur. Sprühen Sie reichlich Sprüh-wachs auf den Umwerferbereich, die Kurbeln, die Kettenblätter und das Tretlagergehäuse.

4 Wenn das Wachs in alle Ritzen gekrochen und angetrocknet ist, wer-den sämtliche Verschraubungen kon-trolliert. Ziehen Sie die Kurbelschrau-be mit einem Drehmomentschlüssel nach. Der Schlüssel kann allerdings nur korrekt anzeigen, wenn die Schraube mindestens eine Drittel-Umdrehung bewegt wird. Lösen Sie deshalb die Schraube zuerst. Ziehen Sie auch die Kettenblatt-schrauben und die Verschraubung der Umwerferschelle am Rahmen nach.

5 Wenn das Nachziehen keine Ruhe bringt, muss gezielt Schmierstoff auf die Kontaktflächen aufgebracht werden. Schrauben Sie dazu das Kettenblatt ab und fetten Sie die Flächen auf dem Kurbelstern und die Befestigungshülsen innen und außen.

6 Noch immer keine Ruhe? Dann müssen Sie die Kurbeln mit einem Kurbelabzieher abziehen und das Tretinnenlager mit dem Spezialwerk-zeug demontieren. Die Antriebsseite wird bei BSC-Gewinden (Kennung 1.37" x 24T) rechtsherum herausge-schraubt! Die linke Seite bei BSC und beide Seiten bei italienischen Gewin-den weisen Rechtsgewinde auf.

7 Fetten Sie das Gewinde auf der Patrone und im Rahmen, vor allem aber die Passung zwischen der stählernen Patrone und der Gewinde-Einschraubhülse. Drehen Sie das Lager von der Kettenblattseite etwas ein, schrauben Sie die Gewindehülse einige Umdrehungen ein, bevor Sie die Antriebsseite festziehen. Die Tretlagerverschraubung erfordert das höchste Anzugsmoment aller Schrauben am Fahrrad. Verwenden Sie deshalb ein präzise passendes und möglichst durch eine Feder gegen Abrutschen gesichertes Werkzeug mit einem längeren Hebel. Ziehen Sie die zweite Seite fest. Kontrollieren Sie abschließend den Lauf des Lagers und den Sitz der Schalen zu den Gehäuseflächen. Läuft das Lager schwer, oder liegen die Schalen nicht plan an, müssen Sie das Gewinde des Lagergehäuses nachschneiden und die Flächen planparallel fräsen (lassen). Bei älteren Konuslagern sind prinzipiell die selben Maßnahmen erforderlich. Besonderes Augenmerk muss auf die Fixierung der rechten Schale gelegt werden. Verwenden Sie anstelle eines einfachen Gabelschlüssels ein Einziehwerkzeug, das die Schale sauber aufnimmt. Nur so können Sie die nötigen Kräfte für die Fixierung aufbringen.

8 Knackgeräusche können bei älteren Rahmen ohne Kunststoffführung auch in der Zugführung entstehen. Schmieren Sie den Bereich oder trennen Sie den Zug mittels eines reibungsmindernden Kunststoffröhrchens vom Gehäuse. Besser ist die Montage einer Kunststoffführung, wozu das Gehäuse spanend bearbeitet werden muss.

Wenn Sie all das getan haben und das Knacken noch immer nicht verstummt ist, muss der komplette Tretlagerbereich und eventuell der Bereich des angelöteten oder angeschweißten Umwerferhalters penibel gereinigt und nach Rissen abgesucht werden. Besonderes Augenmerk muss den Übergängen der Muffe zum Rohr oder den Rändern der Schweißnähte geschenkt werden. Verdächtig sind Luftblasen im Lack oder Stellen, an denen der Lack aufgeworfen ist. Darunter können Risse liegen, die bereits korrodieren. Entfernen Sie den Lack an solchen Stellen vorsichtig mit einem Dreikantschaber oder einem scharfkantigen Schraubendreher. Kontrollieren Sie den Bereich mit einer Lupe, oder setzen Sie spezielle Flüssigkeiten ein, die Risse einfärben und so erkennbar machen. Wenn kein Riss im Rohr vorhanden ist, müssen Sie die schadhafte Stelle komplett entrosten und wieder mit Lack versiegeln.

RETTUNGSDIENST

Rost und Verschleiß können ein Fahrrad für immer lahmlegen.

Dass Bauteile festsitzen, merkt man jedoch häufig erst, wenn man

sie austauschen möchte. Hier finden Sie die häufigsten Fälle und

Tipps, wie Sie Ihren Rahmen retten können.

Selbst am besten Renner beginnt irgendwann der Zahn der Zeit zu nagen: Das Tretinnenlager knackt, der Sattel ist verschlissen oder Pedale müssen ausgetauscht werden. Alte durch neue Teile zu ersetzen, das klingt eigentlich einfach. Doch gerade solche Reparaturen enden oft kläglich, weil sich nichts mehr bewegt, so viel Kraft man auch einsetzt.

Ursache ist meist die Korrosion der metallenen Bauteile am Rad. Der Oxydationsprozess färbt nicht nur Stahl schön rot und Aluminium schwarz oder weiß, sondern lässt die oberste Schicht des Materials aufquellen – die Oberfläche wird rau und das Bauteil dadurch etwas größer. Beide Faktoren sorgen dafür, dass ein Teil, das vor Jahren noch leicht von Hand in ein anderes zu schieben war, scheinbar nicht mehr herauszubekommen ist.

Fahrräder sind besonders korrosionsgefährdet, nicht nur, weil sie Umwelteinflüssen ausgesetzt sind, sondern auch, weil der Schweiß des Fahrers sehr aggressiv sein kann. Gerade in Bereichen, in denen Teile am Rahmen montiert sind, findet Korrosion die besten Bedingungen: Die Metalle Stahl und Aluminium treffen mit unterschiedlichem Spannungspotenzial aufeinander, und in den Spalten fördert eindringendes Wasser den Materialfraß.

Um dem vorzubeugen, gibt es vor allem ein wirksames Mittel: Fett. Leider gehen viele Hersteller mit der lindernden Substanz bei der Montage sparsam um, weshalb man selbst nachhelfen muss. Zur weiteren Pflege gehört auch regelmäßiges Waschen des Rades mit klarem Wasser, das angetrockneten Schweiß entfernt. Anschließend sollte man Wachs auf das vollständig abgetrocknete Rad sprühen.

Trotz aller Pflege können sich immer wieder Bauteile festsetzen. Eine erste Hilfsmaßnahme ist Kriechöl, das die Demontage erleichtert, wenn es entsprechend lange einwirken konnte. Hilfreich ist es auch, Köpfe von Innensechskantschrauben innen weitgehend zu säubern. Ansonsten verhindert eingelagerter Dreck, dass der Schlüssel vollständig eingreifen kann. Verwenden Sie außerdem möglichst qualitativ hochwertiges Werkzeug. Billig-Werkzeug kann sehr unpräzise, weich und wenig haltbar sein. Bei

hartem Einsatz quittiert es schnell den Dienst und beschädigt obendrein Schrauben und Muttern. Vor allem für solche Arbeiten, die viel Kraft erfordern, ist es sinnvoll, sich von jemandem helfen zu lassen, der das Rad fest hält. Die Halteklauen von Montageständern hingegen können dünnwandige Rohre sehr leicht beschädigen.

Rechnen Sie bei den nachfolgend beschriebenen Notfall-Reparaturen grundsätzlich damit, dass ein Bauteil des Rades auf der Strecke bleibt. Dies ist jedoch in der Regel weniger schlimm, da diese Teile ohnehin bereits durch Korrosion geschwächt sind und ersetzt werden sollten. Und was Sie unbedingt brauchen, sind Zeit und Geduld.

SCHRAUBE SITZT FEST

So wird's gemacht

1 Festsitzende Schrauben können dazu führen, dass die Aufnahmen für das Werkzeug rund gedreht werden, insbesondere dann, wenn schlechtes Werkzeug verwendet wird. Bevorzugen Sie deshalb bei Sechskantschrauben und Muttern stets Ringschlüssel statt Maulschlüssel, da diese mehr Eingriff mit den Schlüsselflächen bieten.

2 An Fahrrädern sind viele Innensechskant-Schrauben nicht ganz maßgenau, so dass manche Schlüssel viel Luft haben. Probieren Sie mehrere Schlüssel aus. Wird ein Innensechskant beim Versuch, eine Schraube zu lösen, beschädigt, zeugt dies in der Regel von schlechter Qualität des Werkzeugs. Solche Schlüssel können Sie mit einer Eisensäge oder an einer Schleifscheibe kürzen, um das volle Profil wiederherzustellen.

SCHRAUBE SITZT FEST

So wird's gemacht

3 Vor dem Lösen steht auch hier die Kriechöl-Kur. Zusätzlich hilft ein Schlag auf den Schraubenkopf, um angerostete Gewindegänge zu lösen. Weil ein Fahrrad eher filigran gebaut ist, dürfen Sie jedoch nicht unbedacht zuschlagen. Setzen Sie bei massiven Bauteilen auf der gegenüberliegenden Seite der Schraube einen größeren Hammer auf. Der fängt den Schlag auf, damit das Bauteil keinen Schaden nimmt.

4 Sind die Werkzeugflächen der Schraube rund gedreht, müssen Sie einen Schlitz zur Aufnahme eines Schraubendrehers in den Kopf feilen oder sägen. Eine scharfkantige Feile bietet den Vorteil, dass sie die Schutzschichten der Schraube (z.B. Chrom) schnell durchdringt. Die Säge trägt dann mehr Material ab.

Setzen Sie in diesen Schlitz einen Schraubendreher mit durchgehender Klinge und schlagen Sie wie oben beschrieben auf den Kopf des Werkzeugs. Drücken Sie danach mit einer Hand den Schraubendreher fest in den Schlitz und drehen Sie mit der anderen Hand am Ringschlüssel, den Sie zuvor auf den Schraubendreher gesteckt haben. So rutschen Sie nicht ab und bringen **5** ein hohes Drehmoment zum Lösen der Schraube auf.

Notfallreparaturen

SCHRAUBENKOPF ABGEBROCHEN

So wird's gemacht

1 Ein eher seltenes Phänomen bei Fahrrädern, sieht man einmal von Brüchen der Spannschraube ab, durch die der Zug ins Schaltwerk läuft. Insbesondere bei Campagnolo-Schaltungen liegt diese wichtige Schraube verhältnismäßig weit außen, so dass sie schon beim Umkippen oder unachtsamen Transport des Rades abbrechen kann.

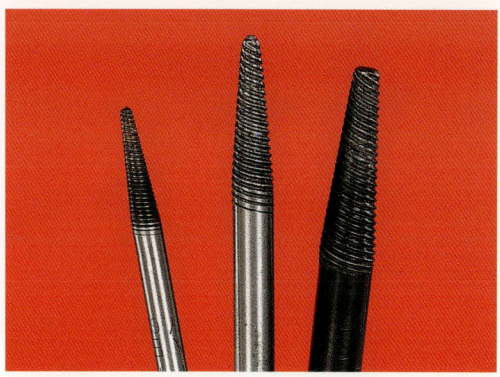

2 Für Besitzer von Campa-Komponenten kann sich der Kauf des mit rund 15 Mark preisgünstigen Schraubenausdrehersatzes lohnen. Die konisch zulaufenden, bohrerähnlichen Werkzeuge haben ein Linksgewinde, das sich mit der hohlgebohrten Schraube verkeilen kann.

3 Sprühen Sie Kriechöl auf und setzen Sie den in ein Windeisen gespannten Ausdreher genau in der Flucht der Schraube an. Drehen sie das verbliebene Gewindestück gegen den Uhrzeigersinn heraus.

SATTELSTÜTZE SITZT FEST

So wird's gemacht

1 Säubern Sie die korrodierten Teile und sprühen Sie dann Kriechöl in den Spalt zwischen Rahmen und Sattelstütze, wo es einige Minuten – besser Stunden – einwirken kann.

2 Schieben Sie bei Rahmen mit angelöteter Klemmung einen breiten Schraubendreher in den Klemmschlitz und spreizen Sie ihn vorsichtig auf. Verdrehen Sie die Klinge nicht, sonst beschädigen Sie den Rahmen!

3 Fassen Sie den Sattel vorne und hinten und versuchen Sie, die Sattelstütze ruckartig loszudrehen. Achten Sie darauf, dass der Rahmen sicher eingespannt ist. Für dünnwandige Rahmen ist es besser, wenn ein Helfer das auf dem Boden stehende Rad fest hält.

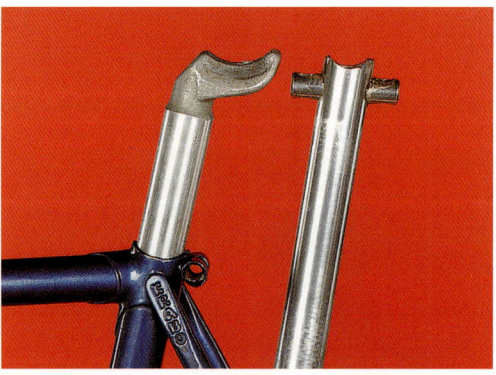

4 Klemmt die Stütze weiter, demontieren Sie den Sattel. Ob der Klemmmechanismus ebenfalls entfernt werden kann, hängt vom Stützentyp ab. Wichtig ist, dass die Stütze solide in einen Schraubstock geklemmt wird. Achten Sie auf eine flächige Auflage der Stütze im Schraubstock, dann benötigen Sie weniger Klemmkräfte.

5

Spannen Sie den Rahmen (ohne Laufräder) kopfüber mit der Sattelstütze in den solide befestigten Schraubstock. Fassen Sie den Rahmen an Lenkrohr und Hinterbau – so haben Sie den größtmöglichen Hebel, ohne den Rahmen zu schädigen. Lösen Sie die Sattelstütze, indem Sie den Rahmen ruckartig verdrehen. Schieben Sie den Rahmen durch Hin- und Herdrehen von der Stütze herunter. Die Stütze ist danach kaputt, der Rahmen kann entrostet und wiederverwendet werden.

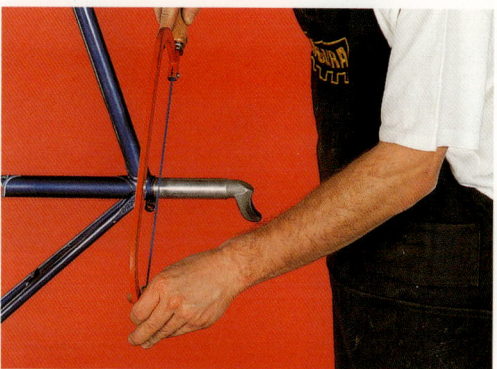

6

Wenn selbst nach tagelangem Einwirken von Kriechöl und unter Aufbietung aller Kraft die Stütze im Rahmen steckt, bleibt als letzte Möglichkeit, die Sattelstütze zu zerspanen. Spannen Sie dazu den Rahmen so ein, dass die entstehenden Späne aus dem Sitzrohr herausfallen können. Sägen Sie die Stütze so knapp wie möglich über dem Rahmen ab.

Zerspanen Sie das im Rahmen verbliebene Alu-Rohr mit verstellbaren Reibahlen, die Sie beim Radhändler bekommen. Vermutlich sind Reibahlen unterschiedlicher Durchmesser notwendig, die nacheinander eingesetzt werden. Stellen Sie die Reibahlen pro Durchgang so ein, dass sie nur ganz wenig Material abtragen, sonst brauchen Sie zu viel Kraft, um die Ahle zu drehen. Außerdem besteht die Gefahr, dass das Werkzeug beschädigt wird. Drehen Sie die Ahle langsam und gleichmäßig. Beachten Sie, dass der Rahmen warm werden kann. Um alle Späne zu entfernen, sollten Sie anschließend das Tretinnenlager ausbauen.

7

VORBAU SITZT FEST

So wird's gemacht

1 Wenn Schaftvorbauten festsitzen, liegt das oft daran, dass sich der Klemmkonus im Inneren nicht löst, wenn die Spannschraube losgedreht wird. Lösen Sie deshalb die vorher mit Kriechöl eingesprühte Schraube mit einem durch ein Rohr verlängerten Innensechskant und drehen Sie die Schraube lediglich zwei bis drei Umdrehungen auf.

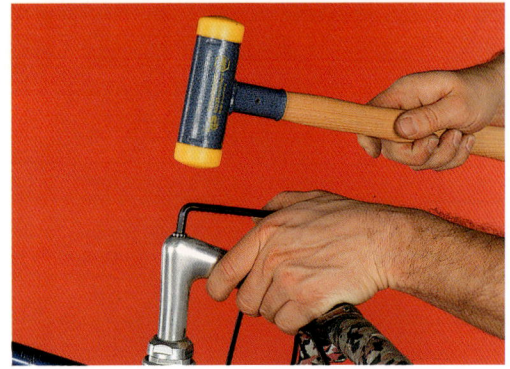

2 Lassen Sie den Schlüssel in der Schraube und lösen Sie den Konus durch einen beherzten Schlag mit einem Kunststoffhammer auf den Schlüssel – in hartnäckigen Fällen mit einem Schlosserhammer. Löst sich der Konus, rutscht der Vorbau üblicherweise blitzschnell in den Gabelschaft und zerkratzt, wenn er nicht festgehalten wird.

3 Sitzt der Vorbau nach dieser Behandlung noch immer fest, muss auch er mit Kriechöl behandelt werden. Packen Sie danach den Lenker in den Bögen, klemmen Sie das Vorderrad zwischen den Knien fest und verdrehen Sie den Lenker mit Schwung.

4 Funktioniert auch das nicht, ist die letzte Rettung der Schraubstock, in den der Vorbau eingeklemmt wird. Lassen Sie vor diesem Versuch nochmals über längere Zeit Kriechöl einwirken, das Sie bei umgedrehtem Rahmen an der Innenseite des Gabelschaftes zur Unterseite des Vorbaus laufen lassen. Dann klemmen Sie ein altes Laufrad in die Gabel und verdrehen es gegenüber dem Vorbau.

Notfallreparaturen

TRETLAGER SITZT FEST

So wird's gemacht

1 Löst sich die Lagerpatrone trotz Sprühölbehandlung nicht, ist vor allem ein möglichst hohes Drehmoment gefragt. Wer nicht über Muskelpakete wie Arnold Schwarzenegger verfügt, sollte sich des Hebelgesetzes besinnen. Stecken Sie ein langes Rohr auf den Schlüssel, mit dem Sie das Tretlager-Montagewerkzeug drehen wollen. So wird Ihre Kraft vervielfacht.

2 Sichern Sie das profilierte Werkzeug mit einer großen Unterlegscheibe und einer eingedrehten Kurbelschraube gegen Verkanten und Herausfallen. Öffnen Sie zuerst die in Fahrtrichtung linke Seite entgegen dem Uhrzeigersinn. Auf der rechten Seite sollten Sie erst prüfen, ob es sich um italienisches (Bezeichnung 36mm x 24TPI) oder englisches BSC oder auch BSA genanntes (Bezeichnung 1.370" x 24TPI) Gewinde handelt. Das italienische Gewinde ist ein gebräuchliches Rechtsgewinde, das englische ist jedoch ein Linksgewinde und öffnet sich im Uhrzeigersinn. Hat sich die Schale gelöst, müssen Sie die Kurbelschraube immer wieder etwas lösen, damit diese das Ausdrehen der Schale nicht behindert.

TIPPS & TRICKS

● *Die regelmäßige Demontage von Stütze und Vorbau einmal im Jahr macht Sinn: Schäden lassen sich frühzeitig erkennen, frisches Fett verhindert Korrosion.*
● *An Stützen, Gabeln und anderen Bauteilen aus Carbon darf kein Fett verwendet werden!*

Die Autoren

Dirk Zedler, Diplom-Ingenieur Fahrzeugbau, ist seit Jahren einer der kompetentesten Köpfe in der Fahrradszene. Der engagierte Hobby-Triathlet arbeitet seit 1994 regelmäßig als Autor der Werkstatt-Serie für das Radmagazin TOUR. Sein besonderes Interesse gilt der Produktsicherheit. Hier hat er in zahlreichen Veröffentlichungen Missstände und Probleme aufgedeckt, deren Behebung für die Branche richtungsweisend war. Zedler ist außerdem öffentlich bestellter und vereidigter Sachverständiger für Fahrräder von der IHK Stuttgart und ein gefragter Gutachter. Sein Ingenieurbüro erstellt Bedienungsanleitungen für viele renommierte Hersteller der Fahrradbranche.

Thomas Musch, Stellvertretender Chefredakteur des Radmagazins TOUR, ist beim Thema Fahrrad einer der versiertesten und erfahrensten Allrounder in Deutschland. Seine Leidenschaft gilt dem Profisport: Seit über zehn Jahren verfolgt er das internationale Peloton bei Tour-de-France, Klassikern und Weltmeisterschaften. Mit vielen Reportagen und Berichten auch zu den Themen Reise, Medizin & Fitness, Recht & Verkehr hat sich der engagierte Freizeit-Rennradler den Ruf eines unabhängigen, seriösen Fachjournalisten erworben. Die Geschicke von Deutschlands erfolgreichstem Rennradmagazin bestimmt er seit 1993 an entscheidender Stelle mit.

Die Deutsche Bibliothek – CIP-Einheitsaufnahme

Die Rennrad-Werkstatt / Dirk Zedler/Thomas Musch. [Abb.: Robert Kühnen...]. – 2. Aufl.. –
Kiel: Moby Dick Verlag, 2001
(Delius Klasing – Edition Moby Dick)
(Tour)
ISBN 3-89595-166-8

2. Auflage
ISBN 3-89595-166-8
© by Moby Dick Verlag, Postfach 3369, D-24032 Kiel

Umschlaggestaltung: Buchholz/Hinsch/Hensinger, Hamburg
Abbildungen: Robert Kühnen, außer: Franz Faltermaier (Titel oben rechts, Umschlagrückseite unten, Seiten 64-69 oben, 126-131, 135 oben links, 137-143), Uwe Geißler (Seiten 2, 6, 8/9, 52), Daniel Kraus (Umschlagrückseite oben, Seiten 28/29, 36, 50/51, 74/75, 104-106, 114/115), Thomas Streubel (Titel unten links und rechts, Seiten 10-13, 35 unten, 116, 133-135)
Layout: Lydia Eylert
Reproduktionen: scanlitho.teams, Bielefeld
Druck und Bindung: Koelblin-Fortuna-Druck, Baden-Baden
Printed in Germany 2001

Vertrieb: Delius Klasing Verlag, Siekerwall 21, D-33602 Bielefeld
Tel. 0521/559-0, Fax 0521/559-113
e-mail: info@delius-klasing.de
http//www.delius-klasing.de